Originally published in English by Harvard University Press under the title
The Decent Society, Copyright ©1996 by the President and Fellows of Harvard College

体面社会
[以色列] 阿维沙伊·马加利特 著

本书中文版权属于中国社会科学出版社所有

国际学术前沿观察

体面社会

THE DECENT SOCIETY

【以色列】阿维沙伊·马加利特 著
黄胜强 许铭原 译

中国社会科学出版社

图字：01-2006-6063

图书在版编目(CIP)数据

体面社会／(以)马加利特著；黄胜强，许铭原译．—北京：中国社会科学出版社，2015.7
ISBN 978-7-5004-6692-5

Ⅰ.①体… Ⅱ.①马…②黄…③许… Ⅲ.①社会学—研究 Ⅳ.①C91

中国版本图书馆 CIP 数据核字(2008)第 000811 号

出 版 人	赵剑英
选题策划	曹宏举
责任编辑	韩育良　陈雅慧
责任校对	林福国
责任印制	戴　宽

出　　版	中国社会科学出版社
社　　址	北京鼓楼西大街甲 158 号
邮　　编	100720
网　　址	http://www.csspw.cn
发 行 部	010-84083685
门 市 部	010-84029450
经　　销	新华书店及其他书店

印刷装订	三河市君旺印务有限公司
版　　次	2015 年 7 月第 1 版
印　　次	2015 年 7 月第 1 次印刷

开　　本	710×1000　1/16
印　　张	14.25
插　　页	2
字　　数	201 千字
定　　价	49.00 元

凡购买中国社会科学出版社图书，如有质量问题请与本社营销中心联系调换
电话：010-684083683
版权所有　侵权必究

昨夜，酋长提着烛灯走遍全城，边走边大声呼喊："我厌倦了做野兽和魔鬼，我现在的欲望是要做人！"

鲁米①（1207—1273）

---

① 莫兰·贾拉勒丁·鲁米（Molan Jalaluddin Rumi，1207—1273），东罗马帝国宗教圣人，在波斯文学史上享有极高的声誉。

目 录

序言 ·· (1)
引言 ·· (1)

第一部分　羞辱的概念

第一章　羞辱 ·· (7)
　无政府主义：一切国家统治组织都羞辱人 ·············· (10)
　斯多葛哲学：不存在羞辱人的社会 ···················· (17)
第二章　权利 ·· (21)
　自尊：汤姆叔叔的情况 ······························ (26)
　作为尊重的一项充要条件的权利 ······················ (29)
第三章　荣誉 ·· (31)
　自尊与自豪 ·· (33)
　诚信 ·· (36)
　尊严 ·· (39)

第二部分　尊重的基础

第四章　尊重的合理性解释 ······························ (43)
　能够解释尊重人的合理性的特质 ······················ (47)

内在价值条件 …………………………………………（51）
　　绝对自由——一个能解释尊重人的合理性的特质 ………（53）
第五章　怀疑论的观点 ……………………………………（58）
　　种族主义的怀疑论观点 ………………………………（61）
　　关于人的尊严的反面的合理性解释 …………………（64）
第六章　兽性地对待人 ……………………………………（68）
　　看人 ……………………………………………………（71）
　　无视人与把人看作次等人 ……………………………（76）
　　把人当作次等人对待 …………………………………（82）

第三部分　体面作为一个社会概念

第七章　羞辱的悖论 ………………………………………（89）
　　污辱及羞辱的悖论 ……………………………………（92）
　　神的荣耀与人的尊严 …………………………………（97）
第八章　排斥 ………………………………………………（100）
　　把人排除出从属群体方式的羞辱 ……………………（104）
　　对尊重的合理性解释和羞辱要素 ……………………（109）
第九章　公民身份 …………………………………………（114）
　　对三重的公民身份的拒绝 ……………………………（118）
　　象征性公民身份：第四个层面 ………………………（120）
第十章　文化 ………………………………………………（122）
　　主流文化中的体面 ……………………………………（127）
　　次群体的存在 …………………………………………（129）
　　文化宽容 ………………………………………………（132）
　　批评与排斥 ……………………………………………（134）

第四部分　考验社会组织

第十一章　势利 ………………………………………（141）
　　博爱 …………………………………………………（145）
　　身体征候 ……………………………………………（147）

第十二章　隐私 ………………………………………（150）
　　亲密 …………………………………………………（155）

第十三章　官僚机构 …………………………………（158）

第十四章　福利社会 …………………………………（165）
　　贫困与羞辱 …………………………………………（167）
　　怜悯 …………………………………………………（171）
　　福利社会——羞辱人的社会 ………………………（175）
　　慈善的悖论 …………………………………………（178）

第十五章　失业 ………………………………………（183）
　　工作场所的剥削和强制 ……………………………（188）

第十六章　惩罚 ………………………………………（193）
　　惩罚与羞辱 …………………………………………（195）

结　束　语 ……………………………………………（199）
　　理想与战略 …………………………………………（206）
　　正义社会的理论和关于体面社会的一个故事 ……（208）

尾注 ……………………………………………………（214）

序　言

　　大约20年前，我到机场为摩根贝沙①送行。在贵宾厅，我们一边等着登机，一边讨论了我们两人都深有体会的罗尔斯的正义理论。临行前，摩根贝沙对我说，也是对其他旅客说，当务之急并非建立"正义社会"（just society），而是建立"体面社会"（decent society）。他这句话的确切含义，我迄今也没有完全领悟，但是我牢记于心。本书正是给摩根贝沙这句名言的献礼。我从摩根贝沙身上获得了很多的哲学学识和社会信仰。

　　体面社会的思想深深吸引了我。多年来，我都未能赋予其更多的含义。在与因领土被占而争取民族自治斗争（阿拉伯语为Intifada）的巴勒斯坦人的谈话中，以及在与从解体的共产主义阵营国家前来以色列的新移民的交谈中，我逐渐感受到荣誉和羞辱在人的生活中的中心位置，并因此感受到把荣誉和羞辱的概念引入政治学的重要性。于是，一个重要的思想便因此诞生：体面社会就是一个不羞辱人的社会。

　　然而，本书并不讨论巴勒斯坦人的暴力反抗，也不讨论共产主义阵营的解体，这些只能作为一种说明。本书是写给以色

---

① 西德尼·摩根贝沙（Sidney Morgenbesser），哥伦比亚大学哲学教授。本书中所有脚注均为译者注，作者注均为尾注。

列读者的,而且使用希伯来语写成。正是戴维·哈特曼等人使我相信,体面社会概念的传播对象也许不仅限于希伯来读者。在他的积极鼓励之下,并且通过他所领导的位于耶路撒冷的沙龙·哈特曼学院,本书得以成功地译成英文。翻译工作主要由内奥米·柯尔德布卢姆承担,其无私的奉献使这项任务得以圆满完成。

阅读过本书各版初稿的朋友们给予了我极大的帮助,我在此感谢以下各位:马娅·巴尔-希勒尔、摩西·哈尔伯达尔、戴维·海德、约瑟夫·拉兹迈克尔·沃尔泽。我的妻子埃德娜·乌尔曼-毛尔高利特,作为我的生活伴侣和工作搭档,她不仅在大的方面,而且在许多细节上都给予我很多帮助。

多家学院也帮助了我。我作为访问学者所在的牛津圣·安托尼学院为我提供了一个体面的社会环境来撰写本书的大部分内容。耶路撒冷的范·李尔(Van Leer)学院令人愉悦的图书馆让我多年来在那里度过了绝大部分的工作时间,使我得以写出更多的东西。耶路撒冷希伯来大学理性及互动决策中心为我提供了各种支持。本书的结束语是在我的汉普斯德(Hampstead)朋友艾琳和阿尔弗莱德·布伦德尔温暖、极好的家中完成的。我感谢他们每个人。

这不是一本教科书。本书各章和各节的长度与其重要性无关,只表达我对有关问题的感受。我相信,书中的每一句话都是真实的,但我也相信有些话不一定正确。这种状态被哲学家们称为序言悖论。无论这一悖论处在什么逻辑状态,这显然是我的状态。

我写本书的目的出自于信仰,但信仰不能使人不犯错误,反而会增大犯错误的可能性。我并不否认这本书会有许多不当之处,但我希望它包含着足够的真理。

1995年8月于耶路撒冷

引 言

什么是体面社会？我给出的答案大致如下：一个体面社会就是一个其社会组织不羞辱人民的社会。我不认为体面社会与文明社会相同。文明社会是一种其成员之间互相不羞辱的社会，而体面社会则是一种社会组织不羞辱人民的社会。根据这种思路，我们可以认为共产主义制度的捷克斯洛伐克不是一个体面社会却是一个文明社会；而如果把捷克共和国想象为一个体面社会而不是一个文明社会，也并非自相矛盾。

社会组织可以用两种方法来描绘它：一种是抽象的方法，通过它的运作规则和法律制度来认识它；另一种则是具体的方法，主要观察它的运行方式。同理，我们可以把组织的羞辱分为法律的（如纽伦堡法案①或其他种族隔离法所规定的）和运行方式的（如1991年洛杉矶警察殴打黑人罗德尼·金）两种。在组织的运行方式中，不文明的社会和不体面的社会两者之间非常模糊。我对组织的关注集中在其运行方式的层面上，因此本书中经常混淆这两个概念。然而，即使运用于特定情况中的区别有时不清晰，但这种区别还是有价值的。文明社会的理念是一种个人概念（microethical concept），它涉及个人之间的关系；而体面社会的理

---

① 纽伦堡法案（Nuremberg Laws），法西斯德国1935年通过的歧视犹太人的法律。

念则是一种集体概念（macroethical concept），它涉及社会作为一个整体的设置。

体面社会的概念可用另一些定性的词语来比较和对照，如把保障个人合法权利的社会称为正当社会（proper society），把保护其公民名望的社会称为尊重人的社会（respectable society），但体面与正义这两类社会则是最重要的比较。理清体面社会的概念，不仅要求说明体面社会与不体面社会之间的明显区别，而且要将其与其他同其对立或互补的社会的概念相比较。除正义社会外，我没有明确地把体面社会的概念与其他可替代的社会的概念相比较，但我提到了比较的可能性，希望能够在全书中阐明它。

本书第一部分用来讨论感到被羞辱的理由。我从两个极端的主张入手：一个是无政府主义，它认为管制组织的存在其本身就是感到被羞辱的理由；另一个是斯多葛哲学，它认为没有一种管制组织能提供感到被羞辱的理由。我认为，管制组织不一定就会羞辱人民，但它有能力这样做，因此，这两种极端的观点我都不赞成。

我认为，体面社会的概念并不一定与权利概念有关联。一个社会即使没有权利概念也可以培育与体面社会相适应的荣誉和羞辱概念。体面社会中的荣誉感就是自尊的理念，与自豪和社会荣誉相对应。

本书第二部分讨论尊重人的合理性解释。我提出三种合理性解释。第一种是正面的，这种合理性解释的依据是一种人的共同特质，这一特质使人值得被尊重。第二种解释是怀疑论的，它质疑这一特质是否存在，它认为尊重来自尊重的态度本身。第三种合理性解释是否定性的，它认为对于尊重人来说，不存在任何肯定的合理性解释，甚至质疑的合理性解释也没有，只存在不羞辱人的合理性解释。

本书第三部分讨论把人排除出人类共同体和使人丧失对自己的基本控制这两种羞辱概念。我将说明这两种羞辱如何在社会设置中具体地表现为对体现人性的特定生活方式的否定。

第四部分讨论在体面社会中重大社会制度（如涉及社会福利或惩罚的社会制度）的运作方式，我无意讨论所有的社会制度（如不讨论住房制度），但我的讨论仍涉及很多项制度。

本书因此分为两大部分，一大部分是本书前三部分，主要讨论羞辱；第二大部分为第四部分，讨论组织的运作方式。我在书的结尾处将体面社会与正义社会进行了比较，认为每一个正义社会都应当是一个体面社会，但反之并不亦然。

对于可以成为体面社会的社会，我没有对其规模大小设立上限或下限。但在现代世界中，一个民族的最低数量标准是社会的自然选择。低于这个标准的社会实体不可能成为体面社会。其原因之一就是：在当今社会，体面的生活其必备条件至少有读写能力，还包括一些基本的技术技能，而具备这些条件则需要一个相对发达的教育体系。在一个小规模的社会中，提供这样一种教育体系并非易事。民族还因另外一个重要的理由而引人关注。国家被认为拥有使用武力的垄断权力，而且往往它们也确实有这样的权力。于是，国家有一种特别大的可能性制造组织的羞辱，无论是表面上还是实际上都是如此。

我首先把体面社会粗略地定义为一种不羞辱人民的社会。为什么从反面（即不羞辱）而不从正面（如将其描绘成尊重其成员的社会）来形容体面社会？我有三个理由：第一个是道德理由，第二个是逻辑理由，第三个是认识论的理由。道德理由萌生于我的信念，即相信抑恶和扬善之间极不对称[1]，消灭令人痛苦的邪恶比创造令人愉快的恩惠紧迫得多。羞辱是令人痛苦的邪恶，而尊重则当属恩惠。所以，消灭羞辱应该优先于表示尊敬。

逻辑理由建立在两种目标的区别之上，这两种目标一种是能够直接而且智慧地实现的，另一种基本上是一种副产品，无法直接实现。[2]例如，自发行为就意味着行为者不是依照决定和计划而直接行动。自发行为只是行为者尽力在行动中让自己的行为表现更多的自发性。从根本上讲，自发行为不是一个初始目的，而是一个副产品。尊重人也可能是一个人对他人的一般行为举止（gereral behaviour）的一个副产品，而不羞辱人则是另外一种情况。相对于我们把某些特定的动作看成授予军人的荣誉（如行礼），可能没有任何一种行为举止可以被我们定义为表示尊重。也许我们会用一些用于其他目的的动作来表示尊重，以至于所表示的尊重仅仅是一种副产品。相反，有些特定的动作如打某人的嘴巴，则是羞辱动作而不是用于其他目的的动作的副产品。

认识论的理由是识别羞辱行为比识别尊重行为容易得多，就像生病总比健康显见一样。荣誉和健康都是与防卫有关的概念，我们捍卫我们的荣誉、保护我们的健康。疾病和羞辱则属于受侵害的概念。侵害状态比防卫状态更易于识别，因为前者可以根据侵害者和被侵害者之间的鲜明对立来识别，而后者即使在没有可识别的侵害者的情况下仍然存在。

所有这些都是从反面而不是从正面来描述体面社会特征的理由。如果从正面来描述，体面社会应当是通过其组织向其所统治的人民表示尊重的社会。我们在本书的后面将看到，有时也像从反面一样，需要从正面来描述体面社会的特征。

我没有把体面社会归入人们所熟悉的像自由主义或社会主义一类的"主义"之下。倘若这个标签无法回避，那么最符合我们体面社会理念的主义是与"奥威尔[①]的社会主义"相反的"奥威尔式社会主义"。前者是一个平等或者更平等的"动物庄园（animal farm）"，而不是一个平等的人类社会。奥威尔无疑是体面社会的重要思想源泉，而且既然奥威尔是一位社会主义者，体面社会便包含在奥威尔式社会主义之中。

[①] 乔治·奥威尔（George Orwell，1903—1950），英国左翼作家，新闻记者和社会评论家。著有《动物庄园》和《一九八四》。

第一部分

羞辱的概念

第一章 羞辱

羞辱是任何一种使人有充足的理由感到自己的自尊受到伤害的行为或条件。

这是羞辱的标准含义而不是它的心理学含义。一方面，羞辱的标准含义不会造成有理由感到被羞辱的人真正地感到被羞辱了；另一方面，羞辱的心理学含义也不会导致感到羞辱的人必然有充足的理由感到羞辱。

我强调的是感到羞辱的理由，即他人的行为造成感到被羞辱的理由。感到不仅是原因，也是理由。对一只随处乱跑的老虎感到害怕是有充足的理由的。在正常情况下，对一只普通的家蝇感到害怕并不是有充足的理由的。当然，不仅行为会羞辱人，生活条件也能够为感到被羞辱提供充足的理由。但生活条件只有作为人的行为和不作为的结果时才羞辱人。我认为，自然形成的条件不能被视为羞辱。理查三世①面容极其丑陋，连他身边的狗都朝他狂吠，但如果造成他丑陋的原因是自然而不是人的行为或不作为，即使感到羞辱也没有充分的理由。只有人类才能制造羞辱，尽管他们不需要真的有任何羞辱他人的主观故意。羞辱都是人带来的，但没有羞辱者也会有羞辱，因为制造羞辱的人并不有意而

---

① 理查三世（Richard Ⅲ，1452—1485）英格兰国王。

为之。

　　羞辱的第二种含义是比喻性的。意指人们把人类自身条件本身，如年迈、身体残疾或面容丑陋视为感到羞辱的理由。第二种或者比喻性的羞辱含义不在我讨论的羞辱范畴内，因为这种含义是作为自然生活条件的一个结果才涉及羞辱的。我所使用的羞辱一词与人们在其第二种含义中使用的羞辱一词相比，其间的区别不是我要求必须有一个羞辱者而使用另外含义的人没有这种要求，区别在于我们对自然的理解。第二种含义不把自然看作一种中性的媒介（neutral agent），而看作是被上帝的意志所掌控。于是，第二种含义认为会有某个人使用自然条件来羞辱人或者来提升人。在这种理解的背后，很可能隐藏着一个假设，即上帝就是那位羞辱者。

　　对其公民来说，一个体面社会也是挑战为使其成员感到自己被羞辱提供合理性解释的条件的社会。一个社会如果其组织的运作方式不会使其公民有充分理由认为他们被羞辱，它便是体面社会。

　　我对羞辱以及因此而产生的体面社会的描述，需要大量的澄清和解释才能成立。但有必要先把这一描述与两个完全相反的反应（可以作为预警信号）进行对比。第一个是无政府主义，无政府主义主张一切建立在管制组织基础上的社会从定义上讲都是一个羞辱人的社会。这种观点认为，任何建立了永久性组织的社会中必定有统治者和被统治者存在，而被统治就构成感到被羞辱的充分理由。第二个是斯多葛哲学，它认为任何社会都不具有羞辱性，因为没有一个社会能够为一个有理性的人提供感到被羞辱的充足理由。这种观点的背后的论据是羞辱是对一个人自尊的伤害，而自尊实际上是一个人不需要征求别人的意见而向自己表示的尊重。一个人的自尊，不论他是一个像埃皮克提图①那样的奴

---

① 埃皮克提图（Epictetus），公元前1世纪时的希腊斯多葛派哲学家，教师。

第一章 羞辱

隶，还是一个像马可·奥尼略①那样的皇帝，都与他人对他的任何行为或不作为无关。

还有一个观点也应当考虑，我称其为基督教的观点。从本质上讲，这种观点认为最不可饶恕的罪行是骄傲，而且骄傲必须用羞辱来矫正。在一个羞辱人的社会中，公民在与骄傲作斗争中陶冶性情，一个羞辱人的社会可以造就想成为谦虚的人。谦虚的人是没有感到羞辱的充足理由的。一个羞辱人的社会伤害的是那些应当被羞辱的人，即骄傲的人；而境界更高的人，即谦虚的人，是不会被他人羞辱的。耶稣的悲痛之路②是一个持续受羞辱的经历的范例。

"他们给他脱了衣服，穿上一件朱红色的袍子，用荆棘编作冠冕戴在他头上，拿一根苇子放在他右手里，跪在他面前戏弄他说，恭喜犹太人的王阿。又吐口水在他脸上，拿苇子打他的头。戏弄完后就给他脱了袍子，仍穿上他自己的衣服，带他出去要钉十字架。他们出来的时候，遇见一个古得奈人，名叫西蒙，就勉强他同去，以便背着耶稣的十字架。"（摘自《新约·马太福音》27：28–31）

对于耶稣来说，虽然这种诱惑不能成为他认为自己被羞辱的充足理由，但那些把荆棘编成的冠冕戴在他头上的人却有充分的理由认为自己是羞辱者。基督教希望它的信徒从耶稣受难之旅中得到的启示是把羞辱人的行为视作一种考验而不是感到羞辱的充分理由。然而，没有充足理由并不能饶恕羞辱者骄傲自大这种滔天罪行，因为羞辱人的行为意在证明一个人对他人的优越感。

---

① 马可·奥尼略（Marcus Aurelius），公元160—180年任罗马皇帝。
② 悲痛之路（Via Dolorosa）指耶稣在彼拉多的官邸被判有罪后，背负十字架到骷髅地所走过的路程。

无政府主义：一切国家统治组织都羞辱人

在政治领域，无政府主义者扮演着怀疑论者在认知领域的相同角色。怀疑论者审问可以认识的命题（即原则上可以辨明为知识的信念）的存在。他们认为，对信念的辨明不可能转化为知识。以此类推，无政府主义者便主张任何基于暴力的治理秩序原则上都不能辨明。在科学领域，怀疑论的主张就是所谓的虚无假设（null hypothesis）——即认为现象是一种偶然事件，因而没有什么可以解释。哲学怀疑论者和无政府主义者各自在其领域中提出一个"虚无假设"，均认为没有任何东西可以辨明。表面上看似可以辨明的实际上却无法辩护。如果政治哲学试图回答"政治权威正当性的来源是什么"这个问题，那么无政府主义者一定会反驳道：不存在任何可能的正当性，政治权威是一种可悲的事实而不是某个可以辨明的事物。无政府主义的虚无假设就是：一切有永久性（与临时的相对）组织的社会都不属于体面社会。

我们如何才能把握无政府主义在对体面社会存在的可能性的质疑之中所包含的羞辱概念呢？对于无政府主义者来说，羞辱意味着使用强制性组织限制个人的自主性。国家统治组织运用它们的强制力使人民服从他们的权威，颠倒了人民的优先秩序。颠倒人民表达其自主性的优先秩序就构成羞辱。因此，强制构成羞辱。实际上，无政府主义者的主张更为激进：他们认为强制的可能性本身（即人民服从于某个权威这一事实本身）也构成羞辱。权威并不一定真正地具有强制性，只要它对组织权威所管辖之下的人民构成一种长期的威慑，就会使其管辖之下的人民受到羞辱。

足球运动中的裁判制度虽然拥有强迫服从的权威，如把粗野的运动员罚出场外；但我假定，即使无政府主义者承认，它也不是一种羞辱人的组织。无政府主义者绝不会把一个构成国家的社会组织与足球裁判相提并论，他们也不会接受自由主义关于国家是裁判员的思想。正如马克思主义者认为的那样，国家是一个主动参与的运动员。在无政府主义的这一观点的深处，包含着对一种"寡头统治政府的铁律"的偏见，这个铁律认为只要存在组织，就会存在统治者和被统治者。[3] 不仅是每个组织都有统治者或被统治者，而且纵观各个组织，统治者都是同一群统治者，被统治的人民也不同程度地是同样的人民。足球比赛（至少业余的足球比赛）不能作为国家组织的典型实例，而是一种具有某个特定目的的志愿者组织，它可以（相对地）独立于其他统治组织。统治组织（即拥有强制服从手段的组织）实质上都是寡头统治政府。寡头统治政府对处于长期的统治者的权威之下的人民来说，意味着有系统的羞辱。

我上面介绍的无政府主义的观点（据我所知不是历史上的思想家所提出的观点）是建立在某些经不起推敲的假定之上的，这些假定有的属于概念性的，有的则属于事实性的。例如，其中一个概念上的假定就提出，羞辱是对一个人自主性的任何可能的减损。另一个假定提出，自主性表现为一个人的优先秩序，而颠倒这一秩序就构成羞辱。至于那些事实上的假定，"寡头统治政府的铁律"也许算作其中一例。

然而，尽管无政府主义的观点并不严密，但仍有必要对其进行深入的研究，原因就在于它为我们的讨论提出了一个"虚无假说"。根据这种假说，任何从"非羞辱性组织"角度来描绘体面社会的尝试，简直就是一项艰巨、复杂或冒险性的工作，从根本上说是不可能的。组织在本质上就是羞辱人的。无政府主义的"虚无假说"是本书通篇要研究的问题，并非为了在这里仓促得出结论。所以，我仅发表几点评论，强调这种观点给我们的讨论带来的挑战。

政治上的无政府主义者主张用另外一种社会来替代国家统治

组织，而这种替代社会却根本不存在。有一种观点认为，意识形态上的无政府主义的力量完全取决于政治上的无政府主义的这一主张的提出。乍看起来，似乎很容易把无政府主义的观点与这一观点相混淆。由于没有可替代的社会，人们会怀疑这样一种社会或许不能长期存在，因而无政府主义者持有的羞辱概念并无特别的意义。依据无政府主义者的观点，羞辱只建立在人的属性即社会属性之上。即人是一种需要一个稳定社会的生灵，而这种稳定的社会就是一种有组织的社会。有鉴于此，无政府主义者的观点便是：人作为社会人这一事实本身就是对人的羞辱。换言之，人受到羞辱的原因在于他们是人，既不是神仙，也不是单独动物（solitary animal）。

我们可以这样回答无政府主义者：人是社会人这一事实并不是人为的。即使在某个特定社会中具体某个人的成员资格会是人为的（由他本人所形成的），而他生活在某种社会形态之中这一事实则是一种自然事实，就像他的身材一样。所以，人类生活在一个社会之中这一事实不应当被视为羞辱人，即使组织的存在就是一个社会存在的必要条件。仅仅存在这些组织，并不是人认为自己被羞辱的理由，因为这些组织是人类从本性上属于群体动物其存在所必需的。这与那些不是人类存在所必需的组织形成鲜明的反差，那些组织具有羞辱人的潜能。

这样，与无政府主义联系在一起的羞辱的概念便与个人的自主性挂起钩来。在我们当前的语境中，羞辱就是一些会颠倒个人的优先秩序（表达其个性）的组织干预。对无政府主义这一主张的回答是：即使组织必然会颠倒个人的优先秩序（包括那些对他们来说似乎是其个性表达的优先秩序），这些组织也会为了个人的自我利益而颠倒个人的优先秩序。并且，如果组织真的在保护人民的利益，那么即使以扭曲他们的（个人的）偏好为代价，个人也没有权力将此视为感到羞辱的充分理由。对上面这个观点的回答非常明确；个人在做出对自己最佳的选择时有犯错的权利，打着为了个人真正利益旗号的家长式统治尤其羞辱人，因为家长式统治把人民当作不成熟的人来对待。

回到无政府主义的观点，我们会发现，它所基于的羞辱概念比减损个人自主性的概念更为强烈，将它提高到侵犯个人主权的严重程度。后一种羞辱概念适合于曾作为一种历史思潮（而且不仅作为一种虚构的释义）的无政府主义观点。永久性的社会组织（威廉·戈德温①称之为"绝对的组织"）从本质上就羞辱人，因为它们抑制个人的主权。只有个人才是名副其实的主权拥有者。

无政府主义认为，一切管制组织包括个人的代议民主制都羞辱人，因为它们把主权从个人手中夺走，集中到代表他们的代表人手中。唯有个人直接、明确同意的组织设置才有可能与他们的主权实现和解。正如奥斯卡·王尔德②指出，无政府主义者不区分国王的统治和大众的统治，这两类统治都羞辱人，因为它们都减损个人的主权。所以，无政府主义的体面社会是一种普遍的贵族社会，每个社会成员都是君主。

如果把主权这个词大写，我们会很熟悉这个概念，它可以应用于一个群体或一个集体的领袖，如君主。这也是我们把羞辱人作为对主权明目张胆的侵犯的基本背景。当飞机进入某一邻国的领空并故意在其城市上空发出声震③（以色列和叙利亚过去经常互相采取此类行为），其行为应被解释为对对方国家的一种羞辱。按照无政府主义的观点，大写的主权根本不是主权，而是为了便于说明有效的个人主权的含义。

个人主权指个人在一切涉及自己的事物方面享有不受任何权威控制、至高无上的行为权利。当然，无政府主义者也以某个版本的伤害原则（harm principle）对个人权威作了限定，即不能伤

---

① 威廉·戈德温（William Godwin, 1756—1836），英国记者、哲学家、小说家。
② 奥斯卡·王尔德（Oscar Wilde），英国剧作家。
③ 飞行器在以音速或高于音速飞行时，其前方短波所产生的一种爆炸声音。

害他人的个人主权。然而，这个思想十分明确：主权只能由个人拥有，任何凌驾于个人权威之上的组织都是对个人的羞辱。权威组织（authoritarian institution），即一种没有获得针对某个特定目标的直接同意的组织，其本质就羞辱人，因为这种组织剥夺了或者至少是减损了个人主权。

在本节中，我先介绍意识形态的无政府主义以及它对"体面社会是一个由不羞辱人的组织组成的社会"这一观点的质疑。无政府主义的主张是，凡是永久性的统治组织无一例外地羞辱人，因此体面社会不能容忍它的存在。我感觉，这个怀疑论的观点只有当怀疑论无政府主义得到政治无政府主义（即主张建立没有永久性组织的社会）的支持时才有意义。因为，如果没有此类组织，原则上便不可能存在稳定的人类社会，那么人民就会被人类生存条件本身羞辱，因为它是人类生存条件的题中之意。犹如人需要大小便一样，人类生存也需要组织，因此，因需要组织而被羞辱便可以与因需要大小便而被羞辱相提并论。大小便就是大小便，它们是不受制于法的必需。以此类推，必要的组织（vital institutions）就是必要的组织，它们也是一种无可指责的必需。羞辱究其本质是对自尊的伤害，即对一个人因为是人这一事实本身所值得的尊重的伤害。因此，将人类生存必不可少的事物视为羞辱并不恰当。

鉴于此，对于怀疑论的无政府主义来说，其挑战的力度取决于无政府主义者能否提出一个没有永久性统治组织的稳定的人类社会的方案。我这里没有提出建立一个没有组织的乌托邦社会，这种要求不公平，因为无政府主义将乌托邦社会视为一种固定的生活方式来反对它的专制统治，理由是乌托邦违背生活的开放性。我们甚至不想要政治无政府主义者提出的实现没有组织的社会的方案，因为任何这种方案都会受到无政府主义者的质疑，反对的理由与他们反对乌托邦如出一辙。我们对无政府主义者唯一的要求是，希望他们告诉我们是否有可能存在一种没有统治组织的社会。一个无政府主义的乌托邦,诸如威廉·摩里斯①的名著《来自乌托邦的消息》[4]所描绘的那样,也许有助于说明没有组织的社会的可能性,即使这种可能性十分渺茫。

我们应当区分两类无政府主义,一类为共享无政府主义(communal anarchism),一类为以马克·斯蒂纳②的用语来描述的作为"自我主义者联盟"(union of egoists)的无政府主义。[5]这两类无政府主义会以不同方式回应"没有永久性统治组织的社会才是体面社会"这一观点的挑战。共享式无政府主义社会认为,没有组织的社会是可能的,但必须用柏拉图称之为"有教养的社会"(refined society)来取代健康的社会(healthy society)为代价(《理想国》372—373页)。换言之,在一个小的、亲密的社会(如一个志愿者共同体)中,没有组织的社会是可能的。这样一种社会不能保证提供现代发达社会的生活标准,而这种生活标准却得益于规模经济、劳动分工和职业专业化的优越性。但它可以成为一个保护个人免受与永久性统治组织打交道时所造成的羞辱的体面社会。无政府主义者声称,人的尊严不能出卖,所以根本谈不上用经济标准来确定一个体面但不发达的社会的价格。

作为无政府主义对体面社会的这种诠释的悖论,有人也许会认为,放弃体面的生活标准必然会放弃值得尊重的人类生存条件。体面的生存条件——即人的尊严的前提——构成一个相对于社会和历史的概念。以放弃经济优越性来换取在一个没有组织的共同体中的"健康的社会",这在发达社会中被理解为是一种生活水平不值得尊重的降低。换言之,托尔斯泰农业公社(Tolstoyan commune)也许凭借没有永久性的统治组织可算作一个不羞辱人的社会,但它不具备体面社会的条件,因为它贫困受难的生活条件被视为羞辱人。

---

① 威廉·摩里斯(William Morris, 1834—1896),英国的工匠、设计师、作家、印刷家和社会主义者。
② 马克·斯蒂纳(Max Stirner),德国利己论哲学家。

"自我主义者联盟"（union of egoists）的无政府主义旨在消灭一切统治组织，通过不受组织干预的市场来保证每个人享受尽可能高的生活水平。无政府主义把市场看作生产者和消费者的一种自由结合，其中个人主权与他们的自由生产者和消费者地位准确对应。羞辱于是成为对个人经济主权的组织干预，譬如税收。自我主义者联盟的激进无政府主义不承认被普遍视为公共物品的产品和服务，如路灯，认为如果没有强制性组织的干预便不能有效率地得以提供，否则就会让搭便车者占便宜。自我主义者联盟的无政府主义相信市场能解决这个问题，甚至包括诸如国防和法制一类的服务提供问题，更何况路灯问题。[6]简言之，他们相信存在着一种没有任何政治框架（即没有任何羞辱性组织）的纯市场社会（market society）。自我主义者联盟的无政府主义为解决体面社会问题开出的药方是市场社会，有经济组织但没有政治组织。市场社会之所以能够成为没有羞辱人的组织的体面社会，其理由很简单：任何统治组织都不存在。

没有统治组织的市场社会是体面社会，对这个观点的第一个反驳是：市场社会中存在的经济组织实际上是统治组织，特别是垄断者和卡特尔。垄断者的霸权丝毫不逊于政治组织的权力。所以，市场社会中不存在有权羞辱人的组织这个观点纯属一个神话故事，如果社会需要通过市场运作来提供安全和有效率的法制，情况更是如此。提供这种保护的公司可能会像黑社会的讨债人那样，他们的报价都是没有商量的。

市场社会是一个体面社会，这个观点有点怪诞：在民主社会，政治组织恰恰因其目的在于保护社会成员免受由市场社会带来的羞辱而被证明是合理的。这种保护包括反对贫困、流离失所、剥削、恶劣工作条件以及无法获得那些为没有支付能力的"至高无上的消费者"提供的教育和卫生保健。在发达社会中，市场社会是一个令人头痛的难题而不是一个解决方案。

倘若市场可以为无政府主义者提供构建既没有组织又不放弃

人的生活水平的社会的解决方案，那么以上两种反对观点表明，市场社会不可能没有统治组织，也不能为所有人提供体面的生活水平。我们必须记住这些观点，但我们也不能忘记：怀疑论的无政府主义认为，凡是存在永久性统治组织的社会都不是体面社会。

斯多葛哲学：不存在羞辱人的社会

无政府主义观点的对立面是"斯多葛哲学"的观点，认为没有一种社会能提供感到羞辱的充足理由。既然任何外部的理由都不能构成感到羞辱的充足理由，因此所有社会都不是不体面的社会。

正如我们所看到的，无政府主义认为，羞辱就是违背个人自主性甚至个人主权。在斯多葛哲学中，相似于主权的核心用语为自立（autarchy），自立是一个能力的概念，即自己满足自己需要的能力；而自主则既需要时机也需要能力。换言之，自立的满足不需要特定的环境条件。环境条件是一种（道德）运气，个人的自主不能在他无法控制的事件中加以判断。外部生活条件通常不在个人的控制范围内，而自立作为精神上的自主，甚至在最极端的外部条件下（如奴隶制）也可以实现。奴隶可以对其主人隐瞒自己的思想，使奴隶主无法占有他们的思想。埃皮克提图因此拥有像马可·奥尼略皇帝同等的精神自主。既然思想是人区别于其他动物的基本属性，那么自立的最高表现便不是身体自由而是思想的自主。

从这个观点出发，羞辱是对一个人自立的破坏，而且只发生在一个思想没有自主的情况下，例如当他受到情绪控制时。当个人的世界观无法使他辨别什么是"善"、什么是无价值时，或者当他的世界观只是获得某个有内在价值（intrinsic value）的东西的工具时，他就不是自立的。因此，诸如荣誉、金钱甚至健康本身都不包含内在价值，而且人们应当以平常心来对待它们。这并不意味着健康对我们来说只具有工具价值，我们不应在乎它，而是我们不应当对它万分激动，即处在一种没有理性辨明（rational justification）的情绪状态。斯多葛式的冷漠不是缺乏感觉，而是只允许有理性辨明的情绪。人当他在其周围环境的影响下错误地认识世界上事物的真正价值时，便失去了他的自立。

一个会使其成员缺乏自立的社会不能算作体面社会，但社会无法封锁人执意要过自立生活的道路。从这个意义上讲，社会最终不会羞辱任何不愿被羞辱的人。一个理性的人不会被羞辱，因为人的社会环境不会为被羞辱提供充足的理由。埃皮克提图说过：没有明白他不隶属于他人的人，只是"一具尸体加上一加仑血液"，形象地表达了斯多葛哲学的感情。

斯多葛哲学对羞辱的解释带来以下问题：倘若羞辱伤害我们的自尊，那么为什么任何针对我们的外部行为（external behavior）都必须说明我们感到羞辱的合理性？当然，荣誉是某种社会赠予人的东西。但与社会荣誉相反，自尊却是有荣誉的人借助其人性赠予他自己的礼物。那么，为什么我们的自尊要由别人对我们的看法或者由他们对待我们的方式来决定或者受它们的影响呢？特别是，为什么我们不认识的社会组织对待人的方式会影响思想上自立的人的自尊？为什么他人的认同对一个人的自豪很重要？不管怎样，我们不是在讨论一个人的自豪问题，自豪必须通过与他人的互动才能体现。与自豪相反，自尊是一个人仅仅根据"他是人"这一意识而自予的荣誉。既然如此，为什么要顾及别人的评价呢？此外，自尊从其词义上讲，是一种取决于一个人自身的尊重。自尊不需要任何形式为评价或认同的外部许可。所以，没有一个社会，也没有一个社会成员能有充足的理由感到被羞辱。

斯多葛哲学对体面社会的挑战对于整个描绘工作至关重要。只有进一步澄清自尊和羞辱的概念，我们才能回应这一挑战。在这里，我要设法应付继尼采之后人们对斯多葛哲学的某些批评性评论。

尼采指出，无视获得自尊的过程中需要他人的认同，其原因在于他人的拒绝而不是自我肯定所内在的绝对自由。"……而奴隶道德则起始于对'外界'，对'他人'，对'非我'的否定。"[7]所以，尼采的观点认为，奴隶在否定"外界"对决定一个人的态度的重要性方面的所谓自立，实际上是愤怒的奴隶报复身处环境的一种防卫机制。换言之，任何社会地位低微的人都不可能真正地免遭外来的羞辱。自尊需要社会的信任，社会信任的缺失会导致一种虚假的独立，而这种独立就是奴隶道德的内核。贵族之所以能够真正地无视别人的意见并获得一种独立于别人态度的自我肯定，也正是这种基本的社会信任。这对奴隶来说是可望而不可即的。尼采希望走得更远，他认为："不管怎么说，蔑视的情绪、倨傲的情绪、自负的情绪的产生，人们对蔑视情景的伪造，这都远远无法和无能者以受压抑的仇恨向他的对手（当然是虚构的）进行报复的那种虚伪相比。"[8]

尼采认为，斯多葛哲学所主张的从政治人（political man）向不受社会对他的人性态度的影响的内在人（internal man）转换不是一个真正的选择。社会地位低微的人（奴隶），仅凭宣称羞辱人的主人是他们内在世界之外的人，并不能在心理上把自己从羞辱中解脱出来，奴隶的内在世界不会没有主人。"奴隶道德"是这种复仇内在化的结果。奴隶道德的最终结果就是基督教所倡导的把羞辱转变成培养谦卑的形成经历的教义。基督教对羞辱的态度是斯多葛哲学的态度的继续，但其所用的方法则是不同的，或者说是不正当的，用尼采的话说是把羞辱改变为一种培训圣人的工具。基督教的圣人肯定是斯多葛哲学的聪明人的嗣子，但真正的基督教的谦卑人和斯多葛哲学的"内在"人是有明显区别的。

基督教的谦卑人被设计成从不考虑自己，却又始终担心自己，尤其是担心自己动机的纯洁性。这似乎是一种逻辑上的不可能；而斯多葛哲学的"内在"人则被设计成无视外在的世界，这虽然不是一种逻辑上的不可能，但很难做到。

尼采确实相信，斯多葛哲学和基督教之间在评价羞辱的方法上存在着差别。斯多葛哲学的聪明人，他们的思想是自由的，因此真正的有能力实现这种重新评价，即能够把自己视为自由的而且不受其主人的羞辱；而基督教的教徒，却不能真正地做到这点，因为基督教教徒充满了"复仇"。他们也许甚至在羞辱者打他们的耳光时还能"爱"，但他们在内心里一定会把那个羞辱他们的人送进地狱。地狱是受羞辱的基督教教徒的满腔仇恨的复仇。

在本章中，我先讨论了两个反对把体面社会定义为一个其组织不羞辱人的社会的互相对立的观点。一种观点认为不存在任何不羞辱人的社会组织，另一种观点认为不存在羞辱人的社会组织，而且因此没有不体面的社会。现在，我们必须在无政府主义和斯多葛哲学之间的两难选择中左右逢源，一边牢牢抓住船的桅杆，一边抵抗来自光谱两极的海上女妖的诱惑的歌声。

第二章 权利

体面社会或许可以另定义为不侵犯其人民权利的社会。这种观点认为，只有有权利概念的社会才有体面社会所必需的自尊和羞辱概念。因此，体面社会的理想只有相对于一个有明确的权利概念的社会才有意义。

我通过讨论下面两个问题来研究这个命题：

1. 权利概念是否构成体面社会和不体面社会所需的尊重和羞辱这两个概念的必要条件？

2. 一个社会为了被视为体面社会，其社会组织必须尊重哪些权利？尊重一切权利是被视为体面社会的一个充要条件吗？

我在本书刚开始时提出，一个社会如果它的组织为社会成员提供了充分的理由感到自己被羞辱，就不能称之为体面的社会。那么，有哪种比侵犯你的权利（特别是侵犯那些用来保护你的尊严的权利）更好的理由可以使你感到羞辱呢？这一观点的力量源自它的明显性（air of obviousness）："有什么能比侵犯权利更好的理由可以使你感到羞辱呢？"然而，这种特别的明显性让人联想起维特根斯坦①所称的"被图像俘虏"的东西。这是一个现实的模型被视为现实本身的情况，其原因很简单，

---

① 路德维克·维特根斯坦（Ludwig Wittgenstein），英国哲学家、数理逻辑学家。

因为我们不能想象出对这个模型的替代。只有提供替代，才能放弃图像。

　　建立在严格的责任概念上但却没有权利概念的社会，可以作为一个替代。鉴于此，问题便是这种建立在责任之上的社会能否构成羞辱的概念。这样一种社会可以把一些行为视为羞辱人的行为，同时把另一些行为视为尊重人的行为，并要求社会成员把互相尊重作为一种社会义务。在这个程度范围内，并不存在问题。承担社会责任所做出的行为中哪些是尊重人的、哪些是羞辱人的，均由社会的责任体系来规定。未履行给予恰当尊重的义务的组织被视为羞辱行为，其所在的社会会因此丧失体面社会的资格。

　　如果问题这么简单，那为什么我们还要问"一个没有权利概念的社会能算体面社会吗？"实际上有一个难题存在，即在一个基于责任的社会中，似乎羞辱人的行为不能给其受害者提供感到被羞辱的充足的理由。根据假定，受害者不享有受保护免遭羞辱的权利。违反社会对羞辱人的行为禁令的人，其对受害者的伤害并不比对其他任何人更为严重。这种伤害是对社会禁令而不是针对一个人的权利的侵犯。在一个基于责任的社会中，人民可以做出羞辱人的行为，但却没有人会被羞辱，实在令人困惑。

　　假定一个基于责任的社会要求其青年人尊重老年人，如在公共汽车上给老年人让座位。虽然老年人没有被认为对座位拥有权利，但青年人却有给老年人让座的义务。现在假定公共汽车司机被规定有义务保证其车内的行为符合社会规范，在这种情况下，如果某一位老人向司机投诉说，某个十多岁的青少年拒绝让座而使他无法就座，但相对于该辆车上其他任何一位也向司机投诉这种情况的乘客，他并不处于优先地位。确实，老人应得的尊重在这辆公共汽车上没有得到承认，但这位没有人给其让座的老人也并不被视为受到不尊重的对待。英文"respect-for-the-elderly（尊老）"是一个不可分割的组合词，每个词必须和其他词连用才能表达意思,恰似英文的"lily-livered(胆怯)"不能分割成"lily(百合)"和"liver(肝脏)"两个词去分开理解一样。

那么,难道一个基于责任的社会真的不能为羞辱性行为的受害者提供感到被羞辱的充足理由吗?我不这样认为。我的假定是基于责任的社会禁止羞辱。因此,在这样一个社会中,所有人都会把羞辱行为视为羞辱人的。问题是这种行为的受害者是否有充足理由感到被羞辱。他可能会明显感到被羞辱,但如果他不觉得自己的权利已受到了侵害,他会有理由感到被羞辱吗?在认定具体某个行为是否羞辱人时,必须加上这一行为正在对相对人造成羞辱的事实,两者组合起来才能给受害人一个认为他被羞辱的理由而不仅仅是一个原因。一个理由如果成为产生某种感觉的一般性理由,加上在实例中产生这种感觉的具体原因,就是对有这种感觉的合理性解释。没有人给其让座的那位老人不仅是任意一位乘客,他也只是一个"不尊老"行为的目击者。没有受到尊重的原因正是他年纪大,因此,不尊重他的那位青少年给他提供的是一个感到被羞辱的理由而不仅是一个原因。

完全有可能出现这种情况,这位老人并没有真正地感到被羞辱(可能他内心暗暗地庆幸别人没有注意到他年事已高,或者别人看他还依然年轻有足够的体力在车里站着),但此时车内还坐着一位老年妇女,她不仅觉得那位青少年是视而不见,而且感到她自己的年纪也没有得到充分的尊重。那么,我们能说这位老妇人有感到被无视的理由吗?无论如何,这里存在着一个感到被侵害的一般理由,而且这一理由也是这位老妇人受到侵害的具体感受的一个原因。那么,这难道不也是她感到受侵害的一个理由吗?这位老妇人确定有理由感到她的年纪应得到的尊重被藐视了,因为那位青少年没有给那位老人让座,尽管她自己有位子可坐。但是,她的理由并不像该行为的直接受害者的理由那么充足,原因在于她只是一个被冒犯的目击者,并非受害者本人。

在这个老妇人因看到不尊重老年人的行为而感到被侵害的故事中,有一种嘲弄人的滑稽。所描写的场景可能给人这样一种印象,即它所指出的问题很嘲弄人。然而,在这个故事中实际上隐含着一个十分重要的问题,即羞辱与窘迫一样具有传染性。它是一种仅因为与他人视为同一就可以感受到的情感,即使我们不是羞辱行为的直接受害者。如果我们与受害者视为同一,受害者又与我们具有相同的特质,那么我们还有充足的理由感到被羞辱。这个问题我会在本书后面的部分作详细讨论。

责任道德强调:被羞辱或被伤害的人相对于羞辱他的人而言,没有任何特殊的地位。任何人都能用"羞辱是一种违反'汝不可羞辱他人'这项明确的义务"这一观点来谴责羞辱者。问题在于这项义务能否在辨明时不让权利概念从走后门走私进来。也许有人认为,这项义务只能参照"羞辱是对受害人利益的令人痛苦的伤害"这一事实来辨明。虽然责任道德仅使用责任语言来对它的道德行为人提出要求,但这些要求的合理性解释并不明显地体现在要求本身之中,因此需要诉诸权利概念。

责任道德离不开权利概念,我很清楚这个观点的重要程度,但我怀疑这一概念在辨明不羞辱人的责任时能否起到强制性的作用。有一个类推也许可以说明这个问题。我们可以假定,人性的责任道德包括不虐待动物的责任。我认为,辨明这项责任并不需要动物的权利概念,也许只需用残忍行为以及容忍残忍行为的社会是残忍的这类观点就可以辨明。这种合理性解释至多涉及动物会感觉到疼痛这一事实,但根本不涉及动物权利。责任道德语境下的羞辱也属于这种情况。辨明不羞辱他者的责任无疑会涉及羞辱给受害者造成痛苦这一事实。它或许还涉及受害者没有对不受羞辱的明显利益。然而,提到受害者的利益并不足以说明这一合理性解释是建立在权利概念之上的。我还必须指出,这种利益"本身就是一种好事"。责任道德可以建立在"这种'本身就是好事'，是没有羞辱"这一观点之上，而满足受害人的利益只是达到这一目的的手段。鉴于此，在一个责任社会中，不羞辱他人的责任也许不需要权利概念。

于是，我们在这里可以得出如下结论：一个其道德建立在责任之上的社会，如果没有一个相对应的权利概念，不仅会存在一个羞辱的概念而且能为感到被羞辱提供充足理由。

一个建立在目的道德（morality of ends）之上的社会，即使责任概念和权利概念都缺失，也可以为解释体面社会的特征所需的不羞辱概念提供背景。首先，必须明确一点，即在通过一个关键的概念（如责任、目的或权利）来规定一个特定的社会道德时，通常不一定意味着社会缺乏其他概念。所以，康德相信，我们可以通过良心至上的道德观（categorial imperative）语境下的绝对义务（absolute obligation）来实现尊重人性的目的。通过一个中心概念来突出某个特定的道德的特征，其目的在于强调这一概念相对于他所有概念处在解释上的第一位。例如，在责任道德范畴中，责任概念在解释权利概念中起基础性和先导性作用，而不是恰恰相反。但在我们现在的讨论中，当我通过一个中心概念来描写某一特定的道德时，我实际上暗示该道德根本不包含任何其他概念。所以，当我使用"责任道德"的时候，我的意思是责任概念是这个社会唯一的道德概念，而且它根本不包括权利概念。如果我使用"目的道德"，那么我就在假定这一道德不包括权利概念和义务概念。

目的道德的理论基础是人在存在链（chain of being）中位置的学说。人是"万物之灵"，即，人因他属人而必须受到特别的对待。任何不符合人在存在链中特殊位置的待遇就构成羞辱。这种道德的基础不是责任或戒律，而是某个代表这一位置的个人的例子。在一个建立在这种道德之上的社会中，羞辱他人的人不会因侵犯受害人的权利或因未履行某项义务而被谴责，倒很可能会因其行为不符合典范人的做法而受到谴责。有人会对违背者说，就连艾伯特·史怀哲[①]也没有这么做。这样一个社会显然会有一个很完善的羞辱概念。在这种社会中，羞辱性行为的受害人也有感到被羞辱的理由。这再次说明，其原因不是他们的任何一个特定的权利，而是因为他们被当作了次等人来对待。简言之，在一个以目的道德为基础的社会和一个以责任为基础的社会中，人们对羞辱的观点是完全相同的。

自尊：汤姆叔叔的情况

汤姆叔叔，是流行的缺乏自尊的好人的样板。[9]汤姆叔叔现在已经变成旨在为黑人重新获得人的尊严的运动的反面形象。对于这一运动而言，汤姆叔叔是一种圣经奴隶（biblical slave）的典范，他口口声声"我爱我的主人"，他必须穿耳。尽管汤姆叔叔的虔诚精神十分感人，但这很容易被理解为狗对主人的忠实，其中所缺乏的是自尊意识。

出于不同的目的，汤姆叔叔的故事被讲述的方式会各不相同。对于厘清自尊与权利之间的关系来说，关键在于这个故事所例示的两个问题之间的区别。一个是权利概念的完全不存在问题，另一个是没有争取个人权利的能力问题。可能会有人认为权利和自尊之间存在内在联系，其论据是羞辱并不指一个人的权利被侵犯，而是指一个人不能伸张他的权利。汤姆叔叔可以被描写成意识到他的基本权利被侵犯，但他没有能力有效地要求伸张这些权利。然而，在这种情况下，公开伸张权利必然会给他和他的家人带来危险，所以对伸张权利的最低要求便是受害者至少应该对粗暴对待他的人表示愤怒。受害者至少不能默许罪恶和为恶

---

① 艾伯特·史怀哲（Albert Schweitzer），德国著名学者及人道主义者，获1953年诺贝尔和平奖。

者。从这个意义上讲，汤姆叔叔被人们看作即使他意识到存在罪恶也默许了。这种默许就是一种心理上的接受，并且由此可以得出这样一个观点，有这种反应的人肯定没有自尊。

但是，对汤姆叔叔的故事还有另一种解读———一种宗教上的解读。汤姆叔叔没有权利概念，但他有深邃的宗教信仰。这种信仰告诉他，所有人，无论是白人还是黑人，都是上帝创造的那个亚当的后代。于是，汤姆的人的尊严存在于他的亚当家谱图中。汤姆没有把这点理解为权利，如作为亚当后代他应享有的承袭权利。但他完全清楚，他作为亚当后代的荣誉并不亚于任何一个人应得到的荣誉。与此同时，汤姆叔叔顺从地接受了他的主人对他的一切要求，坚信这是上帝的旨意，上帝在考验他。质疑既定的秩序会是一种骄傲的表现，其罪过比虐待他的人更大。反抗是大逆不道的，因为只有上帝才能拯救受压迫者。

汤姆叔叔充满宗教愚昧的世界观中没有自尊概念吗？它是一种没有羞辱概念的世界观吗？我认为，汤姆的羞辱概念并不难说明。亚当是汤姆叔叔和他的主人共同的祖先，但主人却没有把他当作亚当的子孙来对待。汤姆相信一个上帝按照他的形象所造的人不应当受到这种待遇。于是，问题并不在于一个缺乏权利概念的人能否具有羞辱概念。真正的难题还是：汤姆尽管没有权利概念，但他是否有我们认为的充分理由感到被羞辱。不仅如此，如果我们不相信世界是上帝创造的，那我们还会认为汤姆的理由是对感到被羞辱的合理性解释吗？

约尔·范伯格①认为权利不与自尊相结合便无从谈起。[10]换言之，他认为，没有权利概念，就没有我们认为是正当的自尊意识，而且依此类推，就没有我们认为有合理性解释的羞辱概念。我们对汤姆叔叔本人认为有合理性解释的理由不感兴趣，但我们关注那些对我们来说有合理性解释的理由。在这里，"我们"包

---

① 约尔·范伯格（Joel Feinberg），美国学者、哲学家。

括所有把他们的道德概念建立在"人是道德的唯一合理性"这一人性假定之上的人。因此，我认为范伯格的挑战是提出一个问题，即一个有人性的道德概念的人是能否有一种没有权利概念的自尊概念或羞辱概念？责任道德和目的道德都能为培育自尊概念和羞辱概念提供土壤。

然而，即使在权利道德的语境之下，汤姆叔叔的故事仍提出一个挑战。权利是利益——某一种利益，但利益不是权利。不管这些利益的性质是什么，尊重人意味着对他们的（或者至少对他们的正当）利益给予足够的关注，人对给予他们的尊重的关注，部分是对其利益是否得到尊重的关注，使这些利益被满足、被保护。汤姆叔叔是一个有利益的人，但他似乎对这些利益缺乏关注。所以，问题是一个不关注他的利益的人如何才能有自尊。

乍看之初，这里似乎存在一个悖论。即如果对一个人来说是个关注问题，那么一个人又怎么可能（逻辑上讲）对涉及他的一切不关注呢？但这个悖论只是表面的。一个人如何不关注他的利益，这是个伪问题，因为人应当关注的问题并不一定是他们实际关注的问题。关注不能与偏爱视为同一，把这两个概念区别开来，悖论便不成立了。剩下的问题只是，人如果不关注他们应当关注的问题还会有自尊吗？这样的人似乎不关心涉及他们利益的主要问题——他们的利益应当得到尊重。缺乏这种二级利益（second-order interest）的人就没有自尊。

从人性的视角来评判汤姆叔叔，会让我们认为他没有自尊，但如果把他刻画成一个宗教信徒，他的形象则是一个很有尊严的人。人性假定和"汤姆叔叔虽然卑躬屈节但有其尊严"，我们应当放弃哪一个？

刻画汤姆叔叔感人的基督徒的"内心"世界，犹如描写一个斯多葛学派哲学家式奴隶的"内心"世界。斯多葛哲学的"内心"世界和基督教的"内心"世界都是在受压迫条件下保持尊严的策略。然而它们都是替代品，不能作为体面社会的基础。

作为尊重的一项充要条件的权利

哪些权利能构成自尊（或者可以称为尊严）所必需的充要条件？换言之，侵犯哪些权利可以为羞辱提供一个充要条件？

人权是充要条件的自然地选定对象。人类都是道德权利，即合理性解释具有道德特征的权利。权利就是利益，而且如果这些利益本身是好的，权利就是有道德的权利。人权是所有人仅因其属人而平等拥有的权利。人权的合理性解释在于它为捍卫人的尊严而成立。应当承认，人们尝试过其他方法来辨明人权。例如，其中一种方法把人权视为人的行动自由的一个最低条件，没有这个条件，人就不能被视为是道德人。但是，如果采用这种合理性解释，那么人权就不能被视为本身就好东西，而仅仅是其他某个本身就是好的东西（如成为道德人）的基本手段。与此相反，如果人权被直接辨明为构成人的尊严的一种利益，那么它就能被视为本身就是好的东西。在我们现在的观点中，人权被视为对人的尊严的一种保护。人权（在权利道德语境下）是一种认同人的尊严的"表征"（symptom）。

如何看待一个尊重人权但侵犯人民在社会中的其他权利（如公民权利）的社会？这样的社会能被视为体面社会吗？让我们使用公民权利的例子来探讨这个问题。成为公民的一般权利是一种人权，但这并没有强行规定每个人在他所生活的具体某个社会中都可以成为公民的权利。一个社会只有剥夺一个有权成为该社会的公民的公民资格，才是侵犯此人的人权。然而，我们所讨论的是一个不剥夺人的公民资格但却践踏他的公民权利的社会。公民权利中有些不属于人权，例如投票权。不给予妇女以投票权（瑞士前几年仍属于这种情况）是一种与体面社会不相称的行为。不给予妇女以投票权意味着把妇女当作未成年人对待，也就是当作一个不完全的人对待。

不同的社会代表着做人的不同方式。对公民权利的侵犯必然会极大地伤害人民体现其具有该社会特征的人性的能力，因此构成了羞辱。出于这个原因，某个社会尊重人民的人权的事实并不能被看作体面社会的充要条件，因为这样的社会即使不侵犯人权，也会羞辱作为公民的成员。

第三章　荣誉

体面社会是一种不羞辱人的社会。但我们用什么词来与羞辱相对立呢？迄今为止，我们一直使用"自尊"作为"羞辱"的对立面。但"自尊"的含义不仅很模糊，而且还有许多其他相同的概念可以用来描绘体面社会。现在，让我们在这些相同的概念中找到一个合适的来与羞辱相对立。

其中一个概念需要进行基础性的讨论，它就是荣誉这个词的普通含义上的荣誉概念。我们的命题是体面社会是一个每个人都能得到应有的荣誉的社会。由于我把体面社会的概念限定在社会组织的行为举止上，因而体面社会便是一个其组织能给予所有人本身应有的荣誉的社会。我在这里想恢复荣誉概念在政治语境中的地位，而不把它仅仅看作来自过去的遗物。不过，既然这样，为什么不直接用荣誉来定义体面社会呢？

对于"应有的尊重"一词，必须区分两种不同的含义。一种含义指尊重的分配，涉及是否所有人都能得到尊重的公平份额问题。另一种含义则指我们用自己的眼光来评价荣誉，涉及是否值得给予尊重的问题。例如，一个尚武的社会也许会对它的战士给予应有的尊重，这也可以理解为它不剥夺任何为它的战争做出贡献的人所应得的尊重的公平份额。每个战士都按其贡献大小得到荣誉。战士们应得的荣誉不会给予没有参加战争的人。连火药味都没有闻过或者从未参加过战斗却佩戴着金质勋章检阅部队的将军从来没有出现过。这种社会给予所有人以应有的尊重，但这不表明这个社会中的尊重概念在我们眼中有价值。相反，我们也许认为这种价值概念绝对不正当。一个公平分配不值得尊重的事物的社会，犹如一个以公平或哥们义气的方式来分配战利品的强盗团伙。分配虽然公正，但战利品没有道德价值。

总的来讲，我们所关注的是，一个社会是否将（有价值的）荣誉给予那些值得得到该荣誉的人——即适当的荣誉是否被公正地分配。但荣誉的公正分配问题不属于体面社会而属于正义社会范畴。供分配的社会荣誉是一个优劣等级概念（graded concept）。人人平均分配的社会荣誉会是空虚的。

社会荣誉分配不正义的社会不一定是不体面的社会。在我们那种体面社会(即伤害构成羞辱的体面社会)研究中，荣誉概念不是一个分级概念。荣誉必须平等给予每一个人，只要他是人，不考虑他做了什么。确实，（有价值的）社会荣誉分配不正义是一种不正义，但这不意味着有这种荣誉分配不正义的社会不是一个体面社会。

鉴于此，体面社会在基础上所需的荣誉概念不是一个社会荣誉的概念。否定一个社会的体面社会资格时，所使用的羞辱概念必须包括社会荣辱。如果我们想把体面社会建立在每个人都能平等获得的荣誉的概念之上，则我们必须把研究从社会荣誉转向人的尊严。从那些授予这种荣誉的人的角度，我们可以讨论对人的尊重，而从那些得到荣誉的人的角度来讨论尊严问题。但是，对尊严概念的理解也需要对社会荣誉概念的理解。

社会荣誉概念对我们讨论体面社会尤其重要，因为人的尊严这个概念历史地演变出社会荣誉的概念，人的尊严概念相对来说属于后来者。尊严一词源自拉丁文"dignitas"，意指社会荣誉。以此类推，作为对人的尊严的伤害的羞辱概念是由社会羞辱概念演变而来的。因此，社会荣誉先于个人的内在的荣誉，但这种优先只是历史的，不是概念上的，即社会荣誉概念不是解释人的尊严的概念的逻辑必需。这种优先性体现为概念之间的演变，例如希伯来语中表示荣誉或尊严的词"kavod"从形容词"kaved"（意为重的）演变而来。

总之，与体面社会相对应的荣誉概念是一个人的尊严概念。这种荣誉是人应当得到的，对它的侵犯就是感到被羞辱的一个理由。但是，羞辱在这里的含义是什么？指对自尊的侵犯？抑或对自豪的减损？还是对诚信的破坏？或只是对人的尊严的伤害？对于"受到侵犯就是感到被羞辱的一个理由"的荣誉概念来说，所有这些用词是否都可以考虑？

自尊与自豪

需要研究的第一对概念是自尊与自豪。这两个概念可以而且应当在体面社会语境中加以区别。[11]两个概念之间存在着因果上而非概念上的关联。区别两者的必要性之一在于，尊重是人平等相待的基础，而崇敬则是将人优劣分等的依据。许多道德理论都要求我们纯粹地把人的属人性质作为尊重人的基础，但没有一个道德理论认为我们应当仅因为他们是人而崇敬他们。

一个人可以只有自尊而没有自豪，或者只有自豪而没有自尊吗？自豪的人（甚至满腹自豪的人）缺乏自尊，这种现象不难发现。有些人我们很熟悉，他们对自己的成就估价很高，但在对他可能有用的权贵面前却卑躬屈节，这种人并不鲜见。卑躬屈节是一种奉承，有人利用这种手段对他人低三下四，使他人产生一种高贵的虚假感觉，以此达到卑躬屈节者的目的。卑躬屈节者羞辱自己，旨在以牺牲自尊为代价获得其他的好处——于其自豪有用的好处。在伊斯特万·萨博①导演的电影《梅菲斯特》(Mephisto)

---

① 伊斯特万·萨博（István Szabo），匈牙利著名导演。

中，演员赫根向魔鬼（纳粹）出卖自己的灵魂就是一个典型的例子（赫根这个人物就是以克劳斯·曼①对他的叔叔古斯塔夫·格林德根斯②的描写为蓝本）。现实生活中的理查德·瓦格纳③也许是另一个例子。如果有人像我一样对组织的羞辱（并依此类推至对人在组织面前表现出来的人的尊严）感兴趣，就一定要关注卑躬屈节这种行为举止，因为这是面对位高权重的人时一种典型的行为举止。所以，卑躬屈节者尽管缺乏自尊却满腹自豪，是一种我们不难想象或认识的形象。

为了说明自尊和自豪反过来也相互独立，我们必须找到一个没有自尊但满怀自豪的人物形象。这种情况相比之下并不多见。一个人可以有较低程度的自尊，因为他对他的成就评价不高，尽管如此，他仍会保持他的自尊意识。这样的人也许意识到他的成就是由别人来评价的，他非常严格地要求自己，以至于不能崇敬自己。对于这样一个完美主义者的情况，我们有理由怀疑他在内心深处能不能给予自己不仅非常充分甚至大大超出应有的评价。然而，这种心理学上的怀疑并不降低这种情况可能存在的概念上的可能性。我们在这里描绘的人物形象从心理学上讲有可能存在。一个人可以没有自豪——尽管所取得的成功已经得到认可，但拥有不容妥协的自尊。这种自尊也许能够表现为对个人基本权利的固守或者表现为像克莱斯特④笔下的米歇尔·寇哈斯一样绝不出卖自己的诚实，也会表现为决心冒险与伤害人或羞辱人的人做斗争，即使这些人比自己强大。

我在本书开篇时曾提到，捷克共和国可以使其人民有更多的自尊但失去自豪。这一观点与我上面提出的观点之间没有矛盾。

---

① 克劳斯·曼（Klaus Mann），德国诺贝尔文学奖得主，《梅菲斯特》小说作者。
② 古斯塔夫·格林德根斯（Gustav Grundgens），德国著名演员及舞台导演。
③ 理查德·瓦格纳（Richard Wagner），德国电影演员。
④ 海因希尔·冯·克莱斯特（Heinrich von Kleist, 1777—1811），德国剧作家、小说家。

捷克人不难发现自己正在失去其自豪，因为他们在新的经济和社会秩序中找不到自己应有的作用，但他们再也不用像在旧制度下那样被迫妥协自己的诚信和自尊。问题不在于现在的描绘是否正确，而是有没有矛盾，我相信没有矛盾。

自豪是一种优劣等级的概念，这个观点建立在人对他们自己的成就的相信之上。然而，成就来自努力，而一个人的自豪却可能靠不需要任何努力的特质来支撑。例如，贵族成员也许会仰仗他们的贵族血统而滋生自豪。所以，即使从道德的观点看成就与努力挂钩，但这并不是一个概念上的条件。对于自豪与成就之间存在关联这一观点而言，我不认为贵族成员会构成问题，因为自豪很可能不仅基于实际的成就，而且也基于对一个人获得成就的能力的相信。贵族成员由于相信他们的家族（被他们认为是拥有伟业的）能够保证他们具有成就和功绩的天赋，所以把他们的贵族血统作为自豪的理由。他们的自豪不仅仅建立在他们是谁的后裔之上。

我一直认为，自豪建立在划分优劣等级的特质之上，而自尊的基础则可能在于其他特质。真实的情况的确如此吗？无论是崇敬还是尊重，两者都是自己给予自己的。但一个人的自我，或者说一个人的个性（即一个人有自己的判断、自己的偏好、自己的原则）其本身是通过努力取得的，而不是他人的赠予。一个人的个性是一个过程的结果，一个并不总能成功的过程的结果。易卜生的名剧《培尔·金特》（*Peer Gynt*）中熔铸灵魂的制模工，卡内提①笔下的剑客，都是没有个性的上帝造物。如果一个人的个性本身是可划分优劣等级的成就的产物，那么自尊如何才能建立在从属的特质之上而不建立在成就之上呢？对这个问题回答是：即使我们接受个性是一种自尊所需的成就这

---

① 伊莱亚斯·卡内提（Elias Canetti, 1905—1994），保加利亚裔小说家、评论家、社会学家和剧作家，其作品全部用德文写成，1981年诺贝尔文学奖得主。

种观点，但它不一定是能辨明自尊的特质。

不管怎样，我在试图证明，能够辨明自尊的特质首先是从属的特质，第二才是成就的特质。例如属于某个群体，只要属于这个群体就能具有这种特质，而成为这个群体的典型成员则是一种成就。是爱尔兰人是个从属问题，但做一个优秀的爱尔兰人则是一种成就。能辨明自尊的某个特质也许是处在第二位的成就特质，但它首先一定是从属特质。一个优秀的爱尔兰人会相信所有爱尔兰人都只因他们是爱尔兰人而值得尊重。不仅如此，他会相信所有爱尔兰人应当因他们是爱尔兰人而自己尊重自己，即使只有优秀的爱尔兰人才能把自己作为爱尔兰人来尊重。然而，优秀的爱尔兰人并不认为，只有优秀的爱尔兰人才能把自己作为爱尔兰人来尊重会意味着允许其他人不尊重非优秀的爱尔兰人。在我们的例子中，优秀的爱尔兰人相信，因为他们是优秀的爱尔兰人，因此应当得到特别的尊重，对优秀爱尔兰人的评价是一个划分优劣等级的评价。但所有爱尔兰人因他们是爱尔兰人而都应得到的基本尊重，则是一个平等主义的概念。倘若在这个例子中，我们把所有"爱尔兰人"换成"人类"，我一直想强调的观点便清晰了。

诚　信

也许会有一种观点认为，羞辱人的社会是一种其组织造成其人民诚信缺失的社会。这是一种丧失其人民诚信的社会。所以，我现在想讨论的对立是羞辱和诚信之间的对立。与自尊不同，诚信似乎是一个人们非常看重、含义非常厚重的概念。一个有诚信的人是不会不诚实的。羞辱人的社会则是一个迫使有诚信的人民去敲诈勒索、逼迫他们向卑鄙妥协的社会，如只有加入党派你的孩子才有资格上"重点"学校，只有检举揭发同事你才能保住工

第三章　荣誉

作。

我曾提出过，有诚信的人是不会不诚实的。但是，这里的不诚实的含义是什么呢？是道德上的不诚实吗？廉洁和道德不诚实之间的关系是概念性的还是关联性的？有一个只是关联性而不是概念性的例子，即篮球运动员和身高之间的关系，你可能身材不高但可以当一名篮球运动员。同理，一个有诚信的人通常不一定是一个有道德的人。一个冷酷、诡计多端的罪犯，如巴尔扎克笔下的伏脱冷①，或许是一个有诚信的人。伏脱冷从文明和道德上讲都不是一个正派的人，但他坚守自己的忠于朋友的原则。伏脱冷被普遍认为过着一种双重的生活——白天做受人尊重的中产者，夜间去当罪犯，但他并不因此而奉行两种道德准则。约翰·勒卡雷②笔下的史迈利③作为一个间谍，也过着双重生活，但他的诚信则无可指责。亚道夫·艾希曼④是忠实的纳粹分子，他绝不妥协自己卑劣的原则——收买他绝对不可能。与此相反，他的助手贝赫⑤则是一个不诚实的、可以收买的人。我们可以明确地说贝赫不诚实，但我们能说艾希曼是个有诚信的人吗？我相信，我们对艾希曼是否有诚信的不肯定态度并不源自任何概念上的考虑，而仅仅出于他所坚守的原则具有非常明显的不正当性质。

但是，对这些现象可能会有另外的解释。艾希曼和伏脱冷之间的差别也许在于：即使伏脱冷本人不是一个有道德的人，他的忠实原则（是我们判断一个诚信的人的依据）是有道德的，如对朋友的忠诚，而艾希曼的原则却完全不道德。所以，诚信品质和有道德之间虽然不存在概念上的关联，但一个有诚信的人所奉行的原则与这些原则是否有道德之间却存在着概念上的关联。但

---

① 伏脱冷（Vautrin），巴尔扎克小说《高老头》中一个重要人物。
② 约翰·勒卡雷（John le Carré），英国小说家，以创作间谍小说为主。
③ 乔治·史迈利（Geoge Smiley），勒卡雷间谍小说中男主人主。
④ 阿道夫·艾希曼（Adolf Eichmann），纳粹机构"犹太人事务中央局"头目，被控犯有"种族灭绝罪"，对第二次世界大战中杀害数以万计的犹太人负有罪责。
⑤ 库尔特·贝赫（Kurt Becher），党卫军上校，曾任盖世太保的经济主管。

是，一个有诚信的人忠于有道德的原则，却并不意味着他出于道德上的考虑才奉行这些原则或者他道德地践行这些原则。一个罪犯，即使他的忠诚不是因为惧怕"科萨·诺斯特拉"①的惩罚，也不可能出于道德上的考虑来忠实于朋友。

由此看来，如果一个社会组织能使诡计多端的罪犯背弃他的诚信（如告发其团伙），这个社会并非肯定是不体面的社会，关键在于社会采用哪种手段来达到这个目的。我们有理由怀疑，倘若该社会中的罪犯确实是有诚信的人，他们的告发便可能是采用不恰当的手段的结果，比如说采用了刑讯逼供的手段，这样的手段导致该社会不能被视为体面社会。然而，如果该社会通过道德上可以接受的手段来收买罪犯的诚信，比如说让他们处于"囚徒的困境"②，便不构成羞辱。

总结起来看，如果我们一定要把体面社会定义为一个不败坏其人民的诚信的社会，那么我们的定义未免过于狭隘。这种定义会把一个采用正当手段迫使罪犯背弃他们诚信的社会排除在体面社会的范围之外。但是，如果我们所用"诚信"一词属于有道德的诚信，定义又过于宽泛了。一种社会秩序，如果败坏其人民有道德的诚信，就会制造羞辱人的社会。对有道德的诚信的践踏即使不是一个必要条件，也足以把一个社会归入羞辱人的行列。

---

① 科萨·诺斯特拉（Cosa Nostra），美国黑手党犯罪集团的秘密代号。
② 囚徒困境（Prisoner's Dilemma），博弈论中著名的案例。指两个同案罪犯嫌疑人（囚徒）被警方拘捕，为了防止犯罪嫌疑人（囚徒）之间相互串供，警方采取了对犯罪嫌疑人（囚徒）分别拘押和审理的策略。两个犯罪嫌疑人（囚徒）面临坦白或者抵赖两种选择。然而，警察分别告诉犯罪嫌疑人（囚徒）：如果两个人都坦白，各判刑7年；如果两个都抵赖，各判刑2年（因证据不足）；如果其中一人坦白另一人抵赖，坦白的放出去，抵赖的判刑12年。囚徒陷入选择的困境，囚徒的最优选择就是"坦白，坦白"。因为在B坦白的情况下，A的最优策略是坦白，同样在A坦白情况下，B的最优策略也是坦白。实际上，"坦白，坦白"就是最优策略，无论对方如何选择，个人的最优选择都是坦白，结果每个人都选择坦白，各判刑7年。

尊　严

　　还有一种观点认为，一个体面社会是一种其组织不侵犯其人民的尊严的社会。但这个观点与体面社会是一种其组织不侵犯其人民的自尊的观点之间有何区别？进而论之，尊严与自尊之间有何区别？

　　尊严与骄傲相近似。骄傲表现为自豪，而尊严表现为个人对自己作为人的尊重感情。尊严构成自尊的外部特征。自尊是一种态度，是人对他们是人这一事实的态度。尊严由行为倾向组成，这种行为倾向表明，自尊是一个人对他自己的态度。尊严是用尊严的方式证明一个人的自尊的行为倾向。一个人可能有自尊但没有尊严。自尊必须从反面来证明，而尊严则可以从正面来证明。即是说，当一个人的荣誉被侵犯时（即他被羞辱时），自尊便凸显出来。此时，他的行为就是他的自尊的表示。相反，有尊严的人则可以通过正面行为（不是回应挑衅的）来证明他的自尊。他用这种方式传递一个信号，即如果有人胆敢挑衅他的自尊，他会像雄狮一样反击。

　　对于羞辱和侵犯权利之间的关系，我曾强调，侵犯权利，特别是侵犯人权，是羞辱的典型范例。但是，羞辱的概念大于侵犯权利。羞辱部分是羞辱行为的结果，而羞辱行为与权利之间没有天然关联。我现在对此补充一点：羞辱行为所侵犯的是受害者的尊严，而对权利的侵犯则只涉及人的自尊。尊严是自尊的表现。

　　倘若尊严是自尊的外部特征，那么它为什么重要呢？或许，关注人的尊严涉及自尊的角色特征，涉及他们作为有自尊的人所戴的面具。这样理解会不会意味着回到亚里士多德的错误上去？亚里士多德在描述有"伟大的灵魂"（优越的人格形态）的人时，认为荣誉和耻辱至关重要。人们为他的邻居所作的"秀"

("慢步走被视为符合优越的人格形态的人,深沉的声音和平缓的语调……";《尼各马科伦理学》,第四卷,第三章,第1125页)仅仅被看作"荣誉游戏"——即某个不必当真的东西。亚里士多德会为自己申辩说,他并不打算为那些想声称他们有优越的人格形态的人做导演。他甚至详细地描绘了人们把自己装扮成有优越的人格形态的人的时候是多么滑稽可笑。他只相信,他所描绘的,是有优越的人格形态的人真实的行为方式。

似乎尊严也如此。如果尊严是一个人自尊的行为表现,那么,没有这种自尊意识的人就只能假装了。但是,对自尊而言,尊严不是表象而是表现。

人们也许还会问,为什么人对尊严如此认真,以至于把伤害它视为羞辱。崇拜上帝与圣洁法典这两个概念之间存在着一种外在的关系,与尊严与羞辱之间关系相似,可以帮助我们理解这个问题。圣洁是与崇拜上帝的有关的戒律和禁律的境界,触犯这些戒律就是对圣洁的亵渎,也是对上帝尊严的亵渎。上帝的尊严栖息在圣殿中,它需要一种特别的行为——圣洁而不是亵渎。在《新约圣经》中,"圣殿是圣洁的境界"这一观点被保尔诠释为"人的肉体就是神圣火花寄居的一座圣殿"。人的荣誉就是圣殿的荣誉,圣殿是神圣灵魂的栖息处。这个事实使人认为,这种圣殿就是值得安顿上帝的尊严的圣洁之地。侵犯人的肉体就是冒犯圣殿,意味着亵渎上帝的荣誉和人的荣誉,因为后者是从前者衍生出来的。以此类推,人的尊严就是给人的荣誉界定范围的行为。

第二部分

尊重的基础

第四章 尊重的合理性解释

人的哪个特质（如果有）能够辨明人类仅仅因为他们是人就应得到尊重？在这个问题中，括号中的"如果有"不能省略。我们极可能对"人类仅仅因为他们是人就应得到尊重"这一命题没有任何合理性解释。我们最能够做的，是提出一个对尊重人的怀疑论的合理性解释。

我们现在来考虑三种合理性解释，即正面的、怀疑论的和反面的。正面的合理性解释试图找出一个（或数个）属于人类的而且人类依其值得受到基本尊重的特质。怀疑论的合理性解释旨在放弃寻找一个优于尊重态度的有合理性解释的特质，转而把尊重的态度作为一个起点，并从这一态度中衍生出人类值得尊重的特质。反面的合理性解释则放弃寻找人类依其值得受到尊重的特质，把注意力集中到为什么"羞辱人是错误的"这个问题上。

本章将研究尊重人的正面的合理性解释。这种正面的合理性解释是由建立在信仰万物始创（creation）和启示（revelation）的宗教提供的。人是上帝按照自己的形象创造的，这是他们对人为什么值得尊重这个问题所给的全部答案。这个答案的意义在于，每个人应得到的尊重程度取决于"得自他人的荣耀"（reflected honor）。能辨明尊重的并不是人的人性，而是人是神的酷似（无论它是否被视为人的灵魂）、人的外形或者其他可以被归入上帝按照自己的形象创造的人的类别之中的任何东西。没有资格的以及无条件的殊荣（在上帝的语境中被称为赞颂），只有上帝才有资格承用，人只能得到"得自他人的荣耀"。这种宗教答案也回答了为什么每个人都应得到同样的尊重态度这个问题。每个人都是上帝按照自己的形象创造的，但人与人之间有差别怎么办？正如数学家研究无穷级数（infinite series）时可以对这些级数的有限截面之间的差别忽略不计一样，在神面前，所有人观察人之间的差别时，都应该对它们忽略不计。

尊重人的基础是一种"得自他人的荣耀"，这种观点来自于宗教的世界观，但是"得自他人的荣耀"这个观点却不限于与上帝荣耀的酷似。我们经常为"人"的成就而骄傲，而这些成就根本不是我们自己的成就。"人"征服了月球，"人"发现了脊髓灰质炎的免疫方法，"人"发明了飞机，这些成就其实是人类中部分个人的成就（即使航天飞行需要很多人参加）。我们在这里使用"人"类别概念，目的在于表明这些个人所取得的成就尽管不能分配给其他人，但均应被看作全人类的成就。从美国宇航员阿姆斯特朗登月的事实来看，我认为，如果说我也登月了那简直太荒谬，但登月的荣耀可以被分配给所有人并被所有人得到。"得自他人的荣耀"意味着不考虑"凭什么所有人都值得尊重"这个问题，你只需制作一份"人类成就"清单，并相信所有做出这些伟大事情的人都肯定会得到荣誉，然后就可以主张，这些成就的荣耀会照耀到人类所有成员了。倘若亚里士多德、莫扎特、莎士比亚和牛顿到达了人类的山顶，而我们尽管还在山的斜坡上，也可以分享他们的荣耀。

然而，为什么是人而不是啼鸟才配得上莫扎特的成就所带来的"得自他人的荣耀"呢？人们会异口同声地回答说，人是按莫扎特的形象创造的但啼鸟不是。不管是任何人，只要按同一形象创造，均配得上这一荣耀。莎士比亚是我们所有人引以为骄傲的源泉，但"我们所有人"有什么共同之处？日本的相扑运动员、伦敦苏豪区①的妓院老板、南非索赤托②的销售人员以及我，我们之间存在着什么共同之处能让莎士比亚把它的成就赋予我们所有人作为我们的"得自他人的荣耀"？为什么这种"得自他人的荣耀"不赋予范围更小的群体，如贡献了莎士比亚和牛顿的英国人？为什么这种"得自他人的荣耀"不排除其他群体，如阿尔巴尼亚人，他们没有贡献过任何能够把荣耀赠送给人类的人？

这只是"得自他人的荣耀"的观点的一个问题。另外一个问题可以用下面这个例子来说明：人类跳高纪录大约为跳高运动员本人身高以上 18 英寸左右，但一只跳蚤则可以跳到高于自己身高 100 倍以上的高度。那么，我们为什么不因为这只跳蚤跳得如此之高而讨论它的荣耀并且将此荣耀赋予其他所有的跳蚤？鉴于跳蚤了不起的跳高成就，我们为什么不为它们提供跳高训练场地反而要消灭它们？

我们现在面临着两个相辅相成的难题：（1）为什么"得自他人的荣耀"不能赋予比全人类范围更小的群体？（2）为什么它又不能扩大到其他有能力取得比我们大得多的成就的生灵，如跳蚤？在我们把关于"得自他人的荣耀"的论据从上帝转向跳蚤前，我就把"得自他人的荣耀"限于人类这个问题提出一个辩护论点。作为按莎士比亚的形象创造的范围最窄的自然类是人类——智人（homo sapiens，现代人的学名）。英国人不构成一种自然类别，因此他们不能作为类似于我们因他而值得尊重的个人的范围最窄的自然类。与此同时，虽然灵长类动物也构成一种自然类，而且即使其他灵长类动物也在不同的方面与人类相似，但它们并不具备"范围最窄的自然类"的条件。对于"得自他人的荣耀"的关系来说，人类是范围最窄的自然类。

但是，第二种观点还有一个方面。即使人的特质应当被限制

---

① 苏豪区（Soho），英格兰伦敦中部的一个区，在 17 世纪居住的主要是移民，现因其饭店、剧院和夜总会而闻名。

② 索赤托（Soweto），南非东部城市，位于约翰内斯堡的西南部。

在人类的范围之内，那我们如何能够回应"每个物种都有自己值得的尊重、没有理由把对人的尊重单独挑选出来"这一观点？这里，最合适的答案是，每个物种确实有其自己值得的尊重，但对人的尊重与对它们的尊重（如对豹的尊重）完全不同。如果豹的荣耀是因为它们奔跑得最快，那么我们便不能把它们关在笼子里，这样才算尊重它们。

以上的辩护似乎很乏力，但提出了一个很严肃的问题：为什么"谁值得享有对人的尊重"这个道德问题适用的类别是自然类？自然类是经验领域中一种具有解释力的分类，我们可以用它进行许多泛化和推测。但是，它为什么适用道德问题？如果我们一定要把有权把荣耀赠送给他人的群体确定为成年男性，而且成年男性也构成这个群体的范围最窄的自然类，那么我们是否因此限制了值得尊重的群体的范围并且排除了女性群体？我们应不应当确保修女特雷莎①在荣耀赠送者的伟人祠中占有一席之位以便使妇女们都能归入"上帝按照自己的形象创造"的人的范围之内？然而，即使我们假定范围最窄的自然类是人类，也还会出现一个问题，即为什么自然类适用于尊重人的道德问题？对人的尊重应当建立在与道德相适应的特质之上，而不是基于某个"自然"的成就。建立在一个自然而非道德意义的特质之上的"得自他人的荣耀"，即使能辨明为什么赋予他们社会荣誉，也不能作为尊重人的理由。

至于对动物的尊重，这显然是同形同性论的（anthropomorphic）尊重概念。我们之所以不特别尊重扇贝和蝎子，并不因为它们没有"成就"，而是我们不知道如何赋予它们的成就以人性（冷血动物似乎不如我们有人性）。有些动物，我们觉得有义务尊重它们，是因为它们在我们的文化中已经成为杰出的人性象征。

---

① 特雷莎修女（Mother Theresa），印度修女，生于阿尔巴尼亚，1979年获诺贝尔和平奖。

以鹰为例，它象征着自由和征服，把它关在一个笼子里，与把一只鹦鹉关起来相比在意义上有本质的不同，是对它本性的违背。当我们谈论对动物的尊重时，我们实际上在谈论尊重我们自己。动物园里的黑猩猩被参观者嘲弄地模仿它的动作，我们担心对它的尊重时，实际上在担心对我们自己的尊重。

我们现在进行的讨论，即从宗教角度对能够解释尊重人的合理性的特质的回答，是一种"得自他人的荣耀"的观点。这一观点以不同的形式（偶尔会以奇怪的形式）出现，相当于人注定会把他们的荣誉赋予他们的同类，如上帝把荣誉赋予人，地位高的人把荣誉赋予其他人，人把荣誉赋予"具有人特点"的人。

能够解释尊重人的合理性的特质

任何一种特质，如果作为能够解释尊重人的合理性的特质，都必须符合以下条件：

1. 没有优劣等级之分，因为尊重必须平等地给予人类所有人；

2. 不属于可以用蔑视、粗俗或侮辱性的话攻击（即可以为痛恨和不尊重提供理由）的特质类；

3. 必须在道德上适合对人的尊重；

4. 必须为尊重提供一个人道主义的合理性解释——即合理性解释必须仅使用人类语境而不诉诸任何神灵。

康德说，他感谢卢梭①教会他如何尊重人的本性。这不是一个动物学家对另一个动物学家就唤起他对一种有趣的动物的关注所表示的感谢。卢梭唤起了康德对能体现人仅因为属人而具有的

---

① 让·雅克·卢梭（Jean Jacques Rousseau，1712—1778），法国启蒙思想家，哲学家，教育家和文学家。

内在价值的特质的关注。实际上，康德认为人性特质由以下几种能赋予它价值的要素组成：

1. 是一种能确定目的的生灵，即一种能使事物具有价值的生灵；
2. 是一种具有自我规范（self-legislation）能力的生灵；
3. 具有自我完善的能力，即不断完善自己；
4. 具有成为一个道德行为人（moral agent）的能力；
5. 理性；
6. 是唯一有能力战胜自然灾害的生灵。

这个清单还没有列全，但毫无疑问康德所列举的能够解释尊重人的合理性的特质符合道德适当的条件（条件3）和人道主义条件（条件4）。然而，这些特质不符合前两个条件，即"没有优劣等级之分"以及"不属于可以被虐待的特质"。康德所列举的特质是不同的人在不同程度上所具有的。一个人自我规范的道德能力的大小因人而异。康德所列举的特质是一种有等级高低之分的特质，不能辨明康德想辨明的命题——人类所有人仅因为他们属人而应被尊重。

与有优劣等级之分特质相比，更令人担忧的是可以用蔑视、粗俗或侮辱性的话攻击的特质。倘若某个人具有康德所列举的特质，如具有过一种有道德生活的能力，但他却明显地过着一种不道德的生活，那我们为什么要尊重他？相反，一个人如果背叛他所具有的过有道德生活的能力，这一事实不能作为尊重他的理由，而应当作为蔑视甚至羞辱他的理由，他是他受命的任务的亵渎者。根据这个观点，具有作一个有道德人的能力的罪犯不值得被尊重，因为他们亵渎了自己的人性——即应该被用作尊重他们的源泉的本性。与此相类似，我们没有义务尊重追求邪恶人生目标（如纳粹目标）的人。对通过把人类其他人关进死亡营来实现自己的目标的人，我们应该尽一切可能贬低他们的人格。把人作为自我目标确定者来尊重时，如果他们所确定的目标是卑劣的，其理由便不成立。确定目标的能力本身并不值得尊重，只有当所确定的目标有价值时才可能成为尊重的一个理由。我认为，尊重一种特质，就是把这一特质作为一个有正面道德的特质来赋予其价值。一个人也许还可以以他的邪恶特质（如美国强盗约翰·狄林杰尔①的勇气和大胆）给人以深刻印象，但在我的语境中，给人以深刻印象不代表尊重。约瑟夫·康拉德②塑造的非凡的叙述人马罗③就对催眠魔鬼寇兹④印象深刻，但他一定不会在道德上感觉到对他们的尊重。

批评的观点认为，特质有优劣等级之分，故而不能作为平等地尊重每个人的合理性解释。因此，所有在借鉴康德的特质清单来解释尊重人的合理性时，都有一条清楚的针对该批评的辩护线。这条辩护线是：尽管特质有优劣等级之分，但人们仍应坚持认为有些特质是人至少应当具有的，它是确保给予人类所有人以基本尊重的最低的特质。超过这个底线的任何特质，则属于按具体某个人的特质的程度和强度所给予的社会评价的基础。最低的特质是正当的，因为它保障了所有人平等地有资格得到基本尊重，超过它就背离了平等主义。让我们以理性这个特质为例。可以认定，相对于动物，人先思而后行的能力是尊重人的合理性解释的最低标准。这一最低标准确保每个有能力根据理智来行为的人能受到尊重。理智的质量可以有优劣之分，用来作为对人的优劣等级评价的依据时，这种优劣等级必须与人的基本尊重问题分而论之。

倘若能够解释尊重人的合理性的特质没有等级之分地存在于每个人身上，而且对每个人来说只是一个能否足以具备获得这种

---

① 约翰·狄林杰尔（John Dillinger，1902—1934），1933 年由于在一连串银行抢劫案和至少三起谋杀罪中的行为而被联邦调查局宣布为头号公敌的美国歹徒。他在芝加哥百离福戏院前面同美国联邦调查局的联邦特工的枪战中死亡。
② 约瑟夫·康拉德（Joseph Conrad，1857—1924），生于波兰的英国小说家。
③ 马罗（Marlow），康拉德小说《黑暗的心》中的叙述者。
④ 寇兹（Kurtz），康拉德小说《黑暗的心》中的人物。

特质的问题，这便是一种很好的解释。然而，如前所述，康德列举的特质中也有可以用蔑视、粗俗或侮辱性的话攻击的特质，人只要具有这种特质就不能保证不遭到负面评价。

  康德列出的特质并不完全。例如，伯纳德·威廉姆斯①提出了一个很有意思的命题，他认为每个人都有自己的观点，自己有观点是不能被别人替代的，因此具有唯一性。[12]对这个命题，人们立即就会问，为什么人的观点比同样具有唯一性的指纹更有价值，富有更多的道德含义？但是，我们即便假定能找到对这个问题的答案，也仍无法回答会不会有负面的观点这个问题。在埃古②的邪恶观点中，有什么能使他值得受到基本的尊重？既然埃古的观点如此的恶毒，为什么这些观点不是诅咒他的合理性解释？即使我们承认埃古的观点对我们了解人性有很大的帮助，但他的指导价值是纯工具性的，不能提供任何内在价值。我们能够学习的东西并不是每一个都有内在价值。无论如何，即使约瑟夫·门格勒③魔鬼般的双重人生对我们了解人的忍耐力有所启示，也不能因此减轻他的暴行。来自邪恶渠道的信息即使具有知识性，也不可能具有内在价值。即使我们认为埃古或理查德三世的观点值得维护，但这不意味着维护它的合理性解释是某种基本的尊重。

  还有一个问题，即具有能够解释尊重人的合理性的唯一观点不能满足道德适当的条件。有大量的观点作为人的多种经历的源泉对于人来讲非常重要，可以帮助我们了解人的本性。因此，维护观点的多样性可能比在星球和遥远的银河系上建立多个观察站更为重要，但这不意味着这些观点的持有者比我们观察星系的大功率望远镜值得任何更多的尊重。

---

 ① 伯纳德·威廉姆斯（Bernard Williams），英国哲学家。
 ② 埃古（Iago），莎士比亚剧作《奥赛罗》中的反面人物。
 ③ 约瑟夫·门格勒（Josef Mengele，1911—1979），恶名昭彰的德国纳粹亲卫队军官和奥斯威辛集中营的医师。

内在价值条件

我们现在继续寻找能够解释尊重人的合理性的特质。康德对这些特质的选择附加了一个限制条件，即这些特质应当能解释给予每个人的内在价值的合理性，但应由这些特质来辨明的内在价值是什么？

使用价值和交换价值之间区别的发现至少可以追溯到亚当·斯密先生。使用价值是收益的价值，是在满足人的目的时从某个物品中得到的；交换价值是这个物品促使他人放弃其他物品的价值的力量，交换价值的别名是价格。在使用价值和交换价值的区别下面隐藏着一个观点，即使用价值不仅仅甚至不基本取决于人对该物品的主观评估，而取决于它对实现人的目的的客观贡献。比如，尽管钻石的交换价值由于它的稀有性非常高，但它的使用价值却很低。

顾名思义，一个物品的交换价值建立在该物品可替代的理念之上。但是，使用价值也取决于替代的可能性，因为一个物品的使用价值就是它作为实现人的目的的工具时所具有的价值。工具都可以被替代。有时，这种替代也许在实现所期望的目的时效率较低，但替代的可能性始终存在。

相反，内在价值建立在有价值的物品之上是不可替代的理念。对约伯在他所经历的令人恐怖的审判中所遭受的财产损失，上帝也许能够作为补偿赐给他新的财产。然当，当上帝赠给约伯的孩子其数量等于他死去的孩子两倍时，便不能再视为补偿和替代了。约伯的孩子所具有的内在价值即使连上帝也无法通过提供新的孩子来替代的。

康德的中心观点是，每个人都具有内在价值。这一观点并不意味着不存在可以用其他替代的方法来评价人的情况，而只是在某些情况下替代是不能被接受的。因此，康德认为，对于能够解释尊重人的合理性的特质而言，主要的限制条件是这些特质也必须能解释赋予人类内在价值（不是使用价值而且更不是交换价值）的合理性。

功利主义的许多著名派别不接受这一观点，他们否认能使人因其属人而值得尊重的特质也一定是能够辨明"存在着人不可替代的情况"这一观点的特质。功利主义否认这一条件是尊重人的基本条件。根据功利主义这种观点，内在价值的概念没有任何道德意义，仅是说明某个东西对我们非常重要而因此不可替代的一个美丽的修辞。所有这种不可替代性都意指某个对我们来说非常重要的东西，在正常情况下我们肯定会拒绝对它进行讨价还价。但是，对人的每一种可怕的处境而言，却都存在着一种更糟糕的处境。避免陷于这种处境，说明了避免选择更不幸的合理性，即使这种选择如同苏菲（威廉·斯蒂伦小说中的主人公）的选择一样可怕。

功利主义认为，在这种情况下，回避选择是道德上的怯懦，而不是可以了解人的内在价值的一种表现。内在价值的合理性解释具有排他性。它主张，在某些必须讨论人的替代的情况下，我们可以不进行正方与反方的辩论，因为那些命运注定的人都有一个不能贴上价格标签也不能用替代物的方法来评估的内在价值，即使这个"其他人"包括与一个人交换的许多人。

康德提出的能够解释尊重人的合理性的特质符合内在价值条件吗？以"理性"这个特质为例，它的最纯的体现是一种完美的人，但在这个人身上，所有个性都不会存在。用米迦勒[①]来替代加百利[②]并不是悲剧。这个直觉可以用亚利士多德的语言来表达为：人的个性是人之间的区别，而人的理性形式（rational form）则可由

---

① 米迦勒（Michael），《圣经·旧约》中犹太人的守护天使长。
② 加百利（Gabriel），《圣经·旧约》中七大天使之一，上帝传送好消息给人类的使者。

许多人共同拥有。于是，人的理性可以在共同拥有同一理性形式的人之间互相替代。按照这种观点，威廉姆斯提出的人的观点的唯一性就是一种比康德的特质更符合不可替代性标准的特质。

对于能够解释尊重人的合理性的特质，在我的限制条件清单中，没有包括康德的内在价值条件，即只有赋予内在价值的特质才能解释人因为属人而受到尊重的合理性，而具有工具价值的特质不属于这种能解释尊重人的合理性的特质。如果我们对能够解释尊重人的合理性的特质加上这项限制条件，那么，不可替代性标准将会严格地限制对这些特质的寻找。

绝对自由——一个能解释尊重人的合理性的特质

现在我们继续研究能够解释尊重人的合理性的特质。在此之前，我们尚未区分能力特质与成就特质。能力特质是人达到所期望目的的潜力，成就特质则是人可以发挥其能力的特质。不论是能力特质还是成就特质，都是具有优劣等级的特质，成就无法在人之间平等地分配，而且人之间能力的分配也无法平等。

我提出的能够解释尊重人的合理性的特质是建立在能力之上的特质。这个能力就是在任何一个时间点上重新评价一个人生活的能力以及从这一时间点开始改变一个人生活的能力。

这就是人的痛改前非的能力。用这一概念的世俗含义来讲，即悔过自新的能力。我的观点是人具有这种能力，即使人与人之间悔过自新的能力有明显的差别，但他们都因悔过自新的可能性本身而值得被尊重。即使最可恶的罪犯也值得得到对人的基本尊重，因为他们具有痛改前非的可能性，而且如果给他们机会，他们会以一种有价值的方式度过余生。我们这里不讨论高贵的人他们的成就是否名副其实。建立在悔过自新可能性之上的尊重人，指向人将来会做什么而并非他们已经做了什么。人值得受到尊重的理由,并不是他们在未来改变生活能力的大小,而是他们有能力改变这一可能性本身。因此,尊重人绝不意味着对某个人不抱任何希望,因为所有人都能以一种与目前完全不同的方式继续生活。

康德确实认为,人之所以值得尊重,是因为人不受大自然因果规律的左右,但康德所谈论的不是"经验主义的人"。我的观点是,一个真正绝对自由的人才值得尊重。绝对自由指:一个人过去的行为、性格以及环境虽然对他未来的行为有一系列影响,但却不能决定他未来的行为。每个人都可以选择一种与他的过去一刀两断的未来生活方式。人因此所应得到的尊重,正是建立在人没有本性这一事实之上的。"本性"意味着决定一个人行为的一系列性格特质。动物有本性,人类则没有。

在语言学含义的概念和生活含义的概念之间存在一种深度的相似性。语言学含义承认过去的一系列用法有可能并不决定它在未来的使用。语言学的用法并不是提前铺设的铁路轨道以至于唯一担心的是火车头出轨的可能性;生活意义的概念与此完全相同,不仅个人过去的全部行为不能决定一个人未来行为的道路,而且甚至一个人对他过去行为的解释也能随时进行重新评价。生活的火车头可以按照驾驶人的意愿改变方向,即使不同方向的行车难易程序不同。

如果一个邪恶的人获得一个重新设计他生活的机会,但他经过自由选择仍然选定罪恶生活,我们对此有何评价?这能算作对我们第二个特质(能够解释尊重人的合理性的特质不能是可以用蔑视、粗俗或侮辱性的话攻击的)的一个否定吗?尼古拉·齐奥塞斯库[①]相信,他的行为可以成为一个爱国者,他所做的一切是

[①] 尼古拉·齐奥塞斯库(Nicolae Ceausescu,1918—1989),罗马尼亚政治家。1989年12月因叛国罪而被处决。

在发展他的国家,他的选择是自由的。但是,这一事实存在任何价值吗?艾希曼①在耶路撒冷被判处死刑后承认他的纳粹生活不是他自己的选择。一个人的选择内容难道不应该是尊重的源泉而不仅是选择的可能性吗?但我现在讨论的尊重,正如我所强调的一样,不是对过去成就的尊重,因此不能与一个人将来改变人生的能力的程度挂钩。未来是开放,这是这种尊重的源泉,尊重人就是认为:人的未来是开放的,人能够通过行动或重新评价他们的过去向好的方向改变他们的生活。

把绝对自由作为尊重人的合理性解释,这一提法带来的问题显然在于人类是否是绝对自由的。布·腓·斯金纳②把尊严概念与自由概念恰当地结合了起来,但他认为尊严概念所需要的自由概念站不住脚。在他的观点中,有自由和没有自由,其区别就在于条件作用的隐性与显性之间的区别。在隐性的条件作用下,外部观察者很难观察到刺激和反应之间的关系,但无论是隐性条件作用还是显性条件作用,人的反应都受到条件作用的控制。在斯金纳的观点中,作为不受刺激控制的尊严感是一种错觉。一个人最渴求的错觉是用显性的正面刺激替代反面的、令人厌恶的刺激。这就是小说《一九八四》③中的乌托邦与《瓦尔登第二》(utopia of Walden II)之间的唯一区别。

斯金纳认为,尊严是一种错觉,因此,把社会理论建立在它的基础上有很大的风险。相反,理想社会一定要建立在正面的条件作用上。自由人与奴隶之间的区别在于对他们起作用的刺激的性质:自由人享受着奖励性刺激,奴隶遭受惩罚性刺激。对于一个过着罪恶生活的人来说,他的"再生"不是一项自由选择的行

---

① 阿道夫·艾希曼(Adolf Eichmann, 1906—1962),德国纳粹军官,盖什太保的犹太部门头目。

② 布·腓·斯金纳(Burrhus Frederick Skinner, 1904—1990),美国心理学家。作为新行为主义代表人物,斯金纳以他关于刺激—反应行为的理论影响了心理学和教育领域。他的作品包括《瓦尔登第二》(1961年)以及《超越自由与尊严》(1971年)

③ 指英国的小说家乔治·奥威尔(George Orwell)在1948年所著的政治小说。

为的结果，而是条件作用的结果。阿尔伯特·施佩尔①对其罪行的忏悔与《发条橙》② 中的亚历克斯③用精致的设备进行粗鲁的条件反射没有任何区别。他们之间唯一的区别在于，在施佩尔忏悔中，我们看不到像亚历克斯那样的刺激。彻底改变一个人未来行为的可能性是条件作用的结果而不是选择的结果。因此不能成为人的尊严的合理性解释。

我提出的能解释每一人作为人受到尊重的合理性的特质，即通常当事人改变自己生活的能力，取决于人类是否真的具有这种能力。然而，我们可以说，对尊重人的合理性解释的要义在于他们有这种能力这一假定，因为涉及褒贬的那种合理性解释是建立在人可以按其他方式行事的假定之上的。所以，如果尊重人的合理性解释所需的"人有自由"这个假定是错误的，那我的错误所涉及的不仅是能够解释尊重人的合理性的特质的选择，还包括在证明在道德领域辨明任何事物的可能性本身。

人的悔过自新的能力可以作为能够解释尊重人的合理性的特质，对这个观点还有更严厉的批评，认为这种合理性解释忽视了做坏事的人是没有资格获得尊重的这一条件。然而，如果能够解释尊重人的合理性的特质是一种在悔过自新过程中彻底改变人的一生的能力（即人能自由行事的能力），那么，这种能力则是一种具有双重作用的能力：它既能使人弃恶从善，也能使人弃善从恶。俄国小说家托尔斯泰笔下的谢尔盖神父提供了一个实例，证明人的一生可以朝两个相反的方向改变。只关注能力的弃恶从善这一个方向，是所有试图找到一个能够解释尊重人的合理性的特质而且忽略其负面作用的人所犯下的一个重大失误。

---

① 阿尔伯特·施佩尔（Albert Speer, 1905—1981），德意志第三帝国的首席建筑师、军备部长。

② 《发条橙》（*A Clockwork Orange*），根据是根据英国作家安东尼·伯吉斯的同名小说改编的电影。

③ 亚历克斯（Alex），影片《发条橙》中恶棍人物。

第四章 尊重的合理性解释

对于把人的悔过自新的能力作为能够解释尊重人的合理性的特质的观点，有的批评确实有许多真理。但是，在这个特质中也存在着某种使其区别于康德提出的各种特质的东西，包括适合于一种有道德的生活的特质。悔过自新的能力本身直接涉及一种尊重人问题特别尖锐的环境，比如在人类过着一种罪恶生活的情况下。在这种情况下，为什么连邪恶的人都值得尊重？

先让我们来讨论容易的情况，某个人过着一种有道德的生活，显然因此应当受到尊重。但他也有不再过有道德的生活转而去过一种罪恶的生活的能力，如果仅因为他有这种能力我们就不再尊重他，显然十分荒唐。过有道德的生活的人之所以受到尊重，是因为他已经取得了成就，而不因为他有取得成就的潜力。一个人在其道德生活中所取得的成就，在没有反证的情况下可以为他带来将继续过有道德的生活的推定，这一推定是从实际地过着有道德的生活的事实中得出的。它与康德的"过有道德的生活的能力的特质"不一样，不是一种人与生俱来就能得出的推定，必须通过努力才能获得。

那么，对于过着罪恶的生活且非常愿意继续过这种生活的为恶者怎么处理呢？可能性与推定是两个不同的概念，一定不能相混淆。即使很可能他会继续这样生活，这种可能性也不能转变为推定，因为通常一个从恶者拥有改变生活和悔过自新的能力。这种能力意味着，即使他作为一个不应当得到尊重的人，也应得到基本的尊重，原因恰恰是他有一个悔过自新的机会，无论这个机会有多小。

所以，一方面，人选择有道德的生活的能力值得尊重，因为这是一种已得到证明并能构成对未来推定的能力。另一方面，尊重应该建立在人类有能力改变他的生活的推定之上。

第五章　怀疑论的观点

对于寻找一个能够解释尊重人的合理性的特质的问题，怀疑论者提出的观点反映出其对这一特质是否存在所持的怀疑主义观点。怀疑论的观点不是一个虚无主义的观点。虚无主义的观点主张，能够解释尊重人的合理性的特质不存在，这意味着人不应该受到尊重，因为他们没有任何价值。怀疑论的观点相反，它的论据是，在我们的生活中，人们相信人类值得尊重。怀疑论者不是把这一事实视为人的某个特质，而是对人作为人类受到尊重的最终合理性解释。在怀疑论的观点中，尊重人的态度比任何可以使他们值得尊重的特质都优先。

做个类推也许在这里很助于理解。老的、过时的经济学理论试图解释一种令人困惑的事实，即人愿意用想得到的和有用的产品和服务与纸币交换，而纸币作为纸的价值不能解释它放弃那些产品或提供这些服务具有合理性。对这种普通但奇怪的现象的解释，过去理论是：纸币具有价值，因为它以黄金为本位，人们随时都可以用纸币兑换黄金。纸币仅是其发行人的一种书面承诺，保证只要持有人提出要求即可将其兑换成黄金。这个理论的确建立在历史事实之上，但纸币有价值却不因为来自于它确实能兑换成黄金，而是因为人们愿意接受这一事实。所以，纸币的价值是人们赋予它的价值，除了人们接受它的意愿之外，它不建立在纸币本身的任何特征之上。

　　根据怀疑论的观点，人的价值的获得方式也相似。人类之所以有价值，是因为他人赋予他们以价值，而不是因为任何能够解释这种赋值的人合理性的优越特质。由于我们生活方式真正地赋予人类以价值，致使人类的特质，即用来解释尊重人的合理性的特质，实际地寄生在赋予人类以价值的态度上。怀疑论的观点把合理性解释的关系颠倒了，认为人作为人而受到的尊重的态度的合理性解释不是人的某个特质，而是对人的尊重态度，是它赋予人类的特质以价值。

　　对怀疑论这种观点，有批评指出：如果"我们的"生活方式真的包括一个对人作为人而给予尊重的基本态度，这其实是一个宗教观点的残余，这种宗教观点把人类视为上帝按自己的形象创造的，并把人作为亚当的后代予以尊重。然而，即使这一观点正确地描述了尊重人的态度如何在受通过神学的方式使人知的宗教影响的社会中形成，这仍不能表明"上帝按自己的形象创造"这一观点是我们今天尊重人的合理性解释。毫无疑问，人们愿意接受纸币的理由之一是历史事实，即这些纸币过去已经构成了一种本票，持票人可以按照自己的意愿得到适当数量的黄金。尽管在绝大多数国家已经放弃了金本位制度之后，许多人仍继续相信，纸币仍保留着这种特征。然而，即使这些历史事实对人们尊重纸币的意愿提供了一个历史的解释，但他们仍无法解释这些纸币市值的合理性，因为纸币的价值目前仅建立在人们接受它们的意愿之上，除此之外没有任何基础。同理，尊重人的产生背景并不是它保持其合理性解释的背景。

　　另一个更尖锐的批评是，如果"我们的"生活方式确实是一种可以确保对人的尊重的生活方式，那么所有建立在我们的生活方式之上的社会都会消灭羞辱，因而从定义上都是体面社会。所以，有必要深入研究尊重人的源泉问题，以便在这里植根一个体面社会，因为这种社会已经存在。出现问题时才需要辨明。如果体面社会已经存在，几乎是由社会性质自动指定并持续有效的，便不需要辨明任何东西。然而，人们确实觉得需要辨明，他们也许因为许多（甚至所有）社会不是体面社会，这些社会正在践踏人的尊严，连某些分享我们的生活方式的社会也这样做。鉴于此，把尊重寄托在一种被假定存在于我们的生活方式之中的态度（一种假定的确保尊重人的态度）之上是不可能的。

实际上，这个批评认为，没有必要解释尊重人的合理性。倘若怀疑论的观点成立，合理性解释便没有必要，因为它坚信这种体面社会不需要合理性解释。然而，如果怀疑主义的观点不成立（由于人实际上没有被当作人而被尊重），那么我们所指的合理性解释也没有任何意义，即使作为怀疑论的合理性解释也没有实质意义。所以，这个观点无论成立与否，合理性解释都没有意义。

回应这个批评的方法，是把用尊重的方式对待人的行为和尊重概念本身区别开。一个社会非常明白人作为人应当受到尊重，但从它实际对待其人民的方式来看却会是个羞辱人的社会。在这样的社会里，口头上说的与实际对人尊严的做法之间有很大的差别，它的伪善是一个极好的例证，证明这些社会非常清楚人的尊严的概念和尊重它的必要。对于尊重人的合理性解释问题，怀疑论的解决方案所需要的不是用尊重的方式对待人，而仅是尊重的一般概念，即这种尊重的主导立场或方法。此外，一个存在着羞辱人的意向的社会（从组织或个人方面讲），其理论依据是假定羞辱者和被羞辱者双方都共享同样的人的尊严的概念，否则谈不上什么是羞辱行为。

另外一个令人烦恼的批评提出，应当将讨论分开进行。它认为，对建立在现存的态度上的尊重的合理性解释，很容易被种族主义直接用来（不需要任何理由）解释只尊重"优等"民族成员并羞辱"劣等"民族成员的合理性。

种族主义的怀疑论观点

根据怀疑论的观点，人因为有价值而受到尊重，其合理性解释是我们有一种尊重所有人的态度。但这种尊重的态度是有范围限制的，并不指向人类所有人。如果希腊人只尊重希腊人而不尊重野蛮人，犹太人只尊重犹太人而不尊重异教徒，日耳曼人只尊重阿里乌斯派信徒而不尊重犹太人，白人只尊重白人而不尊重黑人，那么每个这样的群体也许都有一个只尊重其成员而不尊重非成员的怀疑论的合理性解释。非成员也许仅是由于他们没有被尊重而不值得尊重。这种观点带来两个问题：其一，为什么所有人而不仅是部分人都应被尊重？其二，为什么不把我们对人的尊重同样给予其他生灵，比如跳蚤？

为了研究种族主义的观点（即把人的尊严只赋予某些人而不是全部），我们必须区别特质—种族主义和态度—种族主义。特质—种族主义对属于（从广义上讲的）自己种族的成员赋予某种特质，只有具备这种特质的生灵才值得得到作为人的基本尊重，而其他不具备这种特质的成员被视为低能人而不值得得到这种尊重。一般来说，对于人的尊严的怀疑论的合理性解释而言，特质—种族主义者不构成一个问题，因为他们赋予自己种族成员而不赋予其他人的特质建立在经验的、错误的种族主义理论之上，或者是缺乏道德适当。因此，特质—种族主义不是怀疑论的种族主义。

特质—种族主义者提出一种棘手的情况——有智力障碍的人。这也是一种并非建立在某个经验性错误之上的情况。对于这种情况，特质—种族主义者的错误是道德上的而不是经验性的。然而对我来讲，智障人的例子似乎构成一个重要理由来解释为什么不能把尊重人的态度建立在康德的能够解释尊重人的合理性的特质（如理性、道德能力等）之上。这个例子也为怀疑论的合理性解释提供了重要的论据。

特质—种族主义往往从智障人开始并转向其他种族的成员。对犹太人和吉普赛人的"最终方案"就是从把智障人送进毒气室的"安乐死运动（euthanasia campaign）"开始的。纳粹德国的集中营起初也是用来消灭智障人的。

据我所知，态度—种族主义并不是一种某个群体实际持有的立场，而是一种从概念上讲可能存在的立场。态度—种族主义者说："我不能解释为什么只有人的群体的成员值得尊重，你们信普救说者（universalist）认为这种尊重应当出于同一理由给予所有人。但事实上我的群体只对群体成员持尊重态度，而我们对其他被称为人的生灵的态度与你们对自己的宠物的态度没有什么不同。既然这是我们的态度，因此它便构成关于只尊重我们群体而非其他群体的怀疑论的合理性解释。不属于我们群体的人都是没有价值的，因为我们不赋予他们以价值。我不明白你们这种把'人的价值'赋予所有人的膨胀态度比我们生活方式的紧缩态度（只尊重我们群体的成员）有什么优越性？"态度—种族主义也许又会说，虽然种族主义的通常形式是特质—种族主义，但这确实仅是一个不成功的理性化行为——一种把种族主义态度植根于一种所谓的客观特质中的企图。诚实的种族主义者认为，他们的生活方式中所存在的有限的尊重态度，虽然表面没有贴着轻蔑的标签，但可以作为他们种族主义的合理性解释。这种态度构成了他们只尊重其群体成员的合理性解释。

驳斥种族主义的方法之一是，由于现存所有形式的种族主义都是特质—种族主义，因此可以推论，甚至连种族主义理论也假定人的尊严是所有人都有资格拥有的尊严。种族主义者企图反对这个假定，用其他种族的成员某些假定的缺陷来否定他们的人的尊严，其论据微弱无力。但是，既然特质—种族主义是种族主义的唯一形式，我们在具体研究中便可以忽略态度—种族主义，它的重要性纯粹是概念上的。与此同时，态度—种族主义对尊重作为人的每个人的怀疑论的合理性解释提出一个实在的问题。态度—种族主义提出的概念问题不能用历史上没有人用过这种方式解释种族主义的合理性的理由对其予以漠视。

对尊重人的怀疑论的合理性解释，由于无望找到一个合适的能够解释给予所有人以尊重的合理性的特质，而且还要设法应付"尊重人是我们的生活方式的一部分"这一事实，因此具有补充的作用：即它告诉我们，尊重人，不论他们属于哪个群体，这是一种最符合我们道德判断的态度。换言之，我们感到，如果从连续性一致性考虑，建立在现有的尊重态度的合理性解释也是最恰当的合理性解释。种族主义的态度，把人的尊严限于人类某个次群体，与我们的道德判断的其他部分不一致。我们的道德判断中所使用第一人称的复数包括属于我们生活方式的所有人。我所说的一致性，不是在某些道德理论上的一致性，而是对我们的生活方式的认识的一致性。这些认识并不一定都被认同，但所有人都值得尊重这一假定可以比其他任何观点能更好地把人类团结在一起。

建立在一致性之上的合理性解释不仅要反对种族主义的观点，还要反对把应给予人的尊重态度扩大到所有生灵的观念。我们可以设想一种不同的生活方式，这种生活方式对动物的态度与我们不同，例如，沃尔特·惠特曼①在《我自己的歌》中写道：

> 他们不是不安命的，也不抱怨着他们的光景；
> 他们不是在暗室里开着眼睛躺着，忏悔他们的罪恶，
> 他们也不来研究他们对上帝的责任，叫人作呕的研究。
> 没有一个是不满足的，没有一个是占有疯狂病的，
> 谁也不向谁下跪，他们几千年的生活里从不曾有过尊与卑的分别。[13]

---

① 沃尔特·惠特曼（Walt Whitman，1819—1892），美国诗人。

然而，即使不认为动物具有惠特曼赋予它们的最高级的特质（而且对我们人类没有任何批评），我们仍然可以看到一种不同于我们自己的生活方式是如何被纳入对生灵的尊重的范围之内的，不论是全部还是部分。那么，问题便是基本尊重的给予为什么止于人类？对此，怀疑论的回答也一定是：把尊重限于人类是有合理性解释的，因为它比把这种态度扩展到一般的生灵更适合于我们的生活方式中的道德判断的整体性，而这并不否认我们对动物的态度亟待改善。但是，这种态度所要解决的问题不是羞辱而是残忍，而且解决的方案正在关注动物的痛苦。而在我们的生活方式中，我们与其他人之间关系所要解决的主要问题是羞辱，解决方法是尊重。对于生活方式与我们不同的社会，我们必须采取一种"尊重和怀疑"的思维方式，宣扬把尊重的态度扩展到对所有的生灵。这些社会并不都有尊重人类的良好记录。

关于人的尊严的反面的合理性解释

从反面来解释人的尊严的合理性，就是不追求提供尊重人的合理性解释而只提供羞辱人的合理性解释。在某种意义上，这正是我们解释体面社会所需要的全部理由，因为体面社会被反面地定义为一个不羞辱人的社会，而没有从正面被定义为保障人的尊严的社会。

反面的合理性解释不是怀疑论的合理性解释。他的理论依据是：人是能感受痛苦和难受的生灵，造成这种感受的不仅是给人造成肉体痛苦的行为，也是带有象征意义的行为。用恩斯特·卡西尔[①]的话来说，人是一个"符号的动物"，即生活在符号中的

[①] 恩斯特·卡西尔（Ernst Cassirer, 1874—1945），德国著名的哲学家。

动物。人感受符号导致的痛苦加上感受肉体疼痛的能力，构成一个能够解释不羞辱人的合理性的特质。这一论据的完整含义如下：残忍是终极的邪恶，禁止残忍是最高的道德戒律；羞辱是从肉体残忍向心灵的折磨的扩展，是一种精神上的残忍；一个体面社会必须承诺不仅在它的组织中消灭肉体残忍而且要消灭这些组织所造成的精神残忍。

不同的人承受精神残忍和忍耐肉体痛苦的能力各不相同。有些人对羞辱极其敏感，全部神经都被羞辱的表示调动起来。有些人对羞辱的表示无动于衷，或是因为他们脸皮厚或者是因为他们有这样一种完备的自我欺骗的机制，能够把唾沫当作雨水来看待。这会使能够解释不羞辱人的合理性的特质变成一种按对痛苦和伤害的敏感度来划分优劣等级的特质吗？会使他们对羞辱受害者的态度成为一种按对痛苦和伤害的敏感度来划分的态度吗？

最后一个问题涉及我们对能够解释尊重人的合理性的特质的限制条件，包括能够解释尊重人的合理性的特质不应当成为尊重有优劣等级之分的合理性解释。但是，这些条件并不适用于反面的合理性解释；因为不羞辱人的要求的合理性解释来自于避免残忍的必要性。羞辱被视为残忍的一个特征。关键是不能残忍地对待人，而且不能出现平等问题。我们所需要的是不羞辱和平等地不羞辱，在反面的合理性解释中绝对不能出现给人忍受痛苦的能力划分等级的问题。

对于以上分析，有可能存在一种这样的批评：认为羞辱是精神残忍，因此是不道德的，而且残忍中体现的罪恶不需要显示。这种观点陷入了一种常见的错误之中。"精神残忍"一词属于包括"精神灭绝"和"精神病"之类的语境范围，它们都假定这个名词具有双重意义。灭绝有肉体灭绝和精神灭绝两种，疾病则包括生理疾病和精神疾病两类。同理，残忍也包括肉体残忍和精神残忍。肉体残忍建立在肉体痛苦之上，而精神残忍则建立于心灵痛苦之上。当果尔达·梅厄①谈到用精神灭绝的方法同化以色列人（她认为比在毒气室里进行肉体灭绝更糟糕）时，以及当人们因为患有精神病被关进精神病院时，他们都会犯这种错误。我们这里假定有一词组，它包括一个名词和一个形容词，比如像"圆桌"和"方桌"这种偏正结构的词组。但英文圆桌这个词组（round table）还有一个"平等地进行讨论"的习惯用法，而且在这一用法中这个词组的意义不是英文的圆形（round）和桌子（table）的组合；同样，"精神灭绝"的意义也不是从精神上进行灭绝，精神病也不是神经上的病。批语者也许会认为，这种情况在精神残忍的意义中也存在。羞辱就是羞辱，羞辱相当坏，但它不相似于而且也不构成使用其他手段的精神虐待。17世纪文学家玛利·德·赛维尼②有一句名言："生活中除了严重的身体疼痛外没有真正的疾病，其他所有的东西都是想象的结果。"批评者们称，这应当被视为一种警告。肉体残忍确实是一切邪恶之母，羞辱次之，是一种普通的恶行。

我对这种批评观点的回答是：以羞辱的方式表现出来的那种精神残忍是字面意义上的残忍。在绝大多数情况下，一个羞辱行为总是伴随着一个肉体上使人痛苦的行为，形式为辱骂加伤害。玛利·德·赛维尼的警句无疑地包含着一个真理的内核，但它的外壳却令人误解。这个真理的内核应当理解为：从短时期来看（一般指肉体痛苦），绝大多数人宁愿选择不惜一切代价去摆脱它，甚至包括以受羞辱为代价，但并不意味着在长期条件下这也是人们明确的首选。羞辱所遗留下来的心理创伤比某些仅承受肉体痛苦的人的生理创伤更难治愈。批评的观点或许会反驳道：这是比喻性的谬误的另一个实例，"羞辱的创伤"不是创伤，"心理的痛苦"不是痛苦。羞辱如果被联系上其中的一个含义便不是残

---

① 果尔达·梅厄（Golda Meir, 1898—1978），以色列政治家。
② 玛利·德·赛维尼（Marie de Rabutin-Chantal Sevigne），法国作家，所写的信函乃是书信体文学画时代的典范。

忍。但是，我会继续反驳说：羞辱不仅限于象征的行为，它也可能带来肉体痛苦；心理上的虐待是残忍的题中之意，因此，消灭一切形式的残忍这一最高戒律包括消灭羞辱。肉体残忍和羞辱之间的不可分性可以用一篇报刊文章来加以说明，即刊登于1991年12月29日的《国土报》上的题为"羞辱到卑鄙"一文，它讲述了新兵在某军事基地遭受的羞辱：

> 中士曼尼·莫尔命令士兵雅各布·耶海兹克尔拼命喝水。当这个可怜的士兵开始呕吐时，中士一边强迫他继续喝水，一边跑去叫来部队里其他士兵来模仿他呕吐的样子。残暴！下士优素福·戈海把沙子踢向躺在地上的士兵的脸，还强迫一个士兵用他受伤的手拾起重物。更残暴！莫尔和戈海取笑另一个有口吃的士兵，在大家面前模仿他口吃的样子。

对人的尊严的反面、间接的合理性解释，旨在解释不羞辱的合理性，其理论依据是对人的任何残忍和兽性都是不道德的。但是，这种羞辱的残忍（例如当众模仿他人的口吃）只会给人带来痛苦，体面社会是一个彻底根除虐待（羞辱在体面社会中是虐待的一种特殊形式）的社会。消除所有残忍（包括羞辱）这一要求并不需要任何道德上的合理性解释，因为阻止残忍的行为是有道德的行为的典范，合理性解释正是止于此。

第六章 兽性地对待人

"把人当作人对待",这句话相当古老,反复出现在本书中,但其含义却并不明确。明确它的含义是详细解释羞辱概念的重要部分之一,因为在很多情况下,羞辱某个人就是把他当作非人对待。然而,把人当作非人对待又意味着什么?这种情况是否存在于现实之中?

说明该问题必须采用对比的方法;即是说,我们必须说清楚哪些对待人的方法与把人当作非人对待(会导致羞辱人)的方法之间存在明显的对立,最后还要排除那些把人当作非人对待的不羞辱人的情况(如把他们当作神和天使)。

把人当作非人对待的方式有若干种:(a)把他们当作物体对待;(b)把他们当作机器对待;(c)把他们当作次等人(包括把成人当作儿童)对待。

还有一个在历史上非常重要的方法,即把人排除出人类共同体——将某些个人和群体视为散布绝对邪恶和毁灭人类的魔鬼。16 和 17 世纪吞噬欧洲的猎杀女巫狂潮(witch craze)就是一种妖魔化的直接体现,即将不幸的人(通常是妇女)与邪恶世界相联系。纳粹将犹太人妖魔化不是从字面上将其与邪恶世界联系起来,但纳粹把非人类的邪恶特质和摧毁的欲望指向了"犹太种族"。

妖魔化的有害性在于邪恶的特征。神化（即把一个人化身为神，如法老王）同样是一种把人排除出人类共同体的方法。但是，神化赋予某人以高贵的超人特质，而妖魔化则把邪恶的超人特质强加于人。妖魔化涉及两种羞辱意识（即排除出人类共同体和丧失对自己的控制）之间的紧张关系。妖魔化包括第一个目的但不包括第二个目的。与之相反，它往往伴随着一种世界的阴谋理论。

许多社会将外来的敌人而不是其社会的成员或直接从属他们的人妖魔化。我把我的讨论限定在一个社会是否羞辱从属它的人这个问题之上。我不讨论一个体面社会是否也不应当毫无节制地羞辱它的外部敌人（如在它的战争宣传中）问题。因此，根据我的定义，一个体面社会不会利用它的组织来妖魔化从属它的人们。同时，我也愿意在不补充任何论据的情况下再提出一个观点，即体面社会必须节制对它外部敌人的羞辱，如不能通过妖魔化来将外部敌人非人化。

我们必须将"把人当作是物体"与"把人作为物体对待"这两种方法加以区别。在前一种情况中，把人物化的人自己实际上不相信所涉及的人是物体，但他却用这种方式来对待人。在后一种情况下，把人物化的人真正地相信物化行为（thingish behavior）所指向的人是一种物体。把人当作是机器与把人作为机器对待，或者把人当作动物与把人作为动物对待之间的区别应当与我们的前述相类似。

人类显然既是物体也是动物，甚至是机器。然而，他们不仅是物体或者不仅是动物，而且他们也肯定不仅是机器。"把人当作物体对待"意味着把他们仅当作物体，把人当作动物或机器也与此相似。

我也许会主张，人可以把他人看作物体、机器、动物，但人不能（病态情况除外）真正地把他们当作物体、动物甚至机器对待。人不能把他人当作物体对待的意思类似于人在正常情况下不能看见一只猴子便就把猴子视为活动扳手。这不仅仅是概念上的不可能，也不仅仅是一个事实无能。

这种观点必须用人的长期和短期待遇的区别来详细解释。在匆忙赶火车时，我们可以不注意卖给我们火车票的是一个和我们自己一样的人还是一台售票机。然而，即使在这种情境中，如果我们意识到我们向一台售票机道谢了，我们就会很难为情。即使我们把短期概念从购买一张火车票所需时间延长到完成一次外科手术所需的时间，我们肯定会发现这种行为很容易被直接描绘成把人当作机器对待的行为。一个外科医生完全可能把手术台上的患者当作（生物的）机器对待。医生通过监视器来观察人体的功能，其方法与太空控制中心的工程师处理运转不正常的卫星一模一样。但是，即使在诸如此类的情况下，我们也期望外科医生以一种与兽医为牛开刀所不同的方法来医治手术台上被麻醉了的患者。而且，我们期望无论是医生还是兽医，都持有一种与对卫星进行机械修理工作所不同的态度。这种区别是可以看得见的，例如是在手术不成功的情况下。

不管怎样，我们讨论的第一步涉及在长期条件下把人直接地视为物体或机器的可能性。我们已经否认了这种可能性，除非观察者处于病态（如孤独症）或者被观察者处于病态（如"植物人"）。植物人不幸的例子也许会使我们（甚至在很长一段时间内）把连接在医疗设备上的人体视为一种没有生命的物体而不是人。这种情况也许只有在长期条件下才会出现，因为在患者昏迷的初期，他身边的人都在寻找所有可能会出现的生命迹象，将他视当作物体的情况只是到了后来才会发生。

从病态的例子中，我们可以理解什么叫做对人的特征的盲视。我说的盲视指在人对他人的长期态度中的对人的特征的盲视，它接近于色盲的字面意义。如果某个人主张不分肤色实现种族平等，其不分肤色的主张并不指他在字面上没有能力区分黑色与白色，而只指他对待黑人和白人的态度不会受到他们肤色的影响。然而，我所谈论的是一种直接的感受，而且问题在于什么叫做看不到一个人身上存在的人的特征。

首要的问题是，能看到一个人身上存在的人的特征意味着什么？更确切地讲，在长期条件下把人看作人意味着什么？即我们如何看待人？对此问题的讨论会澄清我们如何对待人这一问题。在对以上问题的各种答案之间存在着内在的关联性。

看 人

毕加索"蓝色时期"①的作品从字面上理解是蓝颜色的画。也是一种阴冷的绘画。绘画并不一定会使我们悲伤，而且作画所使用的优质油画布也肯定不会感到悲伤。是绘画表达了悲伤。一幅绘画如果从非字面意义上体现"悲伤"的标签，就能表达悲伤。绘画不是某种可以感受情感的东西，因此从字面意义上不能讲它是悲伤的，但从非字面意义上却可以说它是悲伤的。第一个提出这种区别的尼尔逊·古德曼②会说："悲伤在画的表现用语言学术语讲是'悲伤'的隐喻例析（metaphorical exemplification）。"[14]我在这里没有敢使用'隐喻'这个词，因此便选用一个普通词汇"非字面意义上"。我的犹豫产生于一个悖论：隐喻的必要条件通常认为是原则上它可以用其他形式或词语来重述，但"毕加索的这幅绘画是悲伤的"这句话却似乎无法用任何其他方法来表达。

一幅悲伤的绘画也并不一定是一幅使我们悲伤的绘画。我们

---

① 蓝色时期（blue period），毕加索在这个时期作品背景呈蓝色，人物蓝，头发、眉毛、眼睛皆蓝，蓝色主宰了他的一切作品。那时候的蓝色，是贫穷和世纪末的象征，于是作品多表现一些贫困窘迫的下层人物，他们的形象消瘦而孤独，由于贫穷生活在社会底层，这类题材的油画，画面总充满着一层阴冷的蓝色调。

② 尼尔逊·古德曼（Nelson Goodman），已故哈佛大学哲学教授。

不一定以悲伤的心情来欣赏和理解这是一幅悲伤的绘画。毕加索的绘画从字面意义上和隐喻角度看都不是悲伤的，但从非字面意义上讲它却是忧伤的。用维特根斯坦的专业术语来解释，那幅画从次要意义上讲是悲伤的。[15]一个表达的次要意义就是非字面意义，而且也不能用其他形式或词语来重述。

在他最后一次的告别讲话时，米哈尔·戈尔巴乔夫悲伤的面部表情不是字面意义上的悲伤，从字面上讲，悲伤的是戈尔巴乔夫本人，而不是他的脸。把戈尔巴乔夫的脸视为悲伤的意味着看到他的脸正在表达悲伤。把一个人当作人对待就意味着看到他的肉体正在表达灵魂。换言之，用它们非字面意义上例析的精神术语（既不是次要意义上也不是隐喻意义上的）讲，是看到了人的肉体及其组成部分。当我们用通俗的词汇来表达所看到的人的表情时（如这个人拥有一副友好或有思想的面孔、一副忧郁的或幸福的表情），我们就把他们视为人了。当我们看到一个人的面孔时，我们不会首先注意到他脸上的嘴唇是向下呈弧形的、眉毛是短的、头陷在胸脯上以及面颊带有一个灰色的纹理，然后自问该如何形容这副面孔。我们一看到嘴唇向下撇就会把面孔看成悲伤的，这是直接的而不是假定测试和从证据推导出来的结果。解释是一种自发，但我们所看到的却不是自发的。我一看到戈尔巴乔夫前额上面的那块红色胎记就看到了他面部的悲伤。我不会把这两样东西中的任何一个看作我决定把它们看作什么的结果。我用人的特征来看人，不是一种选择或决定行为，而是因为我不能以其他的方式来看他们。显然，不论我在一个身体（字面的）标识下还是在一个心理的标识下（从次要意义上讲）来观察某个东西，我都可能会看走眼。例如，戈尔巴乔夫的胎记可能会不是红色而是深蓝色的，而且他的面孔也可能不是悲伤而是绝望的。然而，看走眼的可能性不会使我的视觉成为一种推测工具。

总的观点应当相当明确：我把你的眼睛看作嘲笑人的，把你的手看作紧张的，就像我把你的眼睛看作蓝色的和把你的手看成

第六章 兽性地对待人

弯曲的。我仅仅是看见它们。但是，正像我把你的眼睛看作嘲笑人的和把你的手看成紧张的一样，我把你看作人，而且我不能把你看作其他东西。把一个人看作人并不要求我们在他肉体上所看到的东西也能在心理标志（从次要意义上讲）下看到，但这不表明观察者必须有能力用心理术语来描述他看到的情况。观察者可能会不善于表达，但他可能会用绘画、手势或者某种间接的口头方式来描绘他看到的东西，而我们可以由此推断出他把其他人看作人。

如果把人看作人就是看到他们贴着人的情感和行为特征的标签，那么，什么是持续地把人看作非人呢？什么是人的特征的盲视？斯蒂芬·穆哈①深入调查了看见特征的问题，他建议把对人的特征的盲视解释为在人身上只看到能用颜色和形状表达的东西。[16]一个人性盲视的人只能用身体描绘来看人，他没有能力用心理描绘来看人。这样的人并不一定是对人的心理没有感觉，但对人性盲视的人来说，人类的人的特征是通过推理而不是直接观察得到的。有这种残疾的人就像一个盲人，知道汽车遇到红色的信号灯才停下所以推断出灯一定是红色的，即使他看不出灯的颜色。人性盲视不一定在于他对他人的态度是否具有人性，而取决于他们如何通过推理来弥补他们的人性盲视。

如果这就是人性盲视的含义，那么显然应当将其视为一种类似于色盲的病态，只不过这个人所盲视的是人身上的人的特征。人性盲视不涉及选择或决定，正如色盲不涉及主观故意一样。即使我们接受上面提到的关于把人看作人和人性盲视的解释，我们仍然不承认它对我们对人的普遍态度的重要性。不管怎样，伦布兰特②的绘画对于使我们在人的身上看到人的特征的作用是其他任何绘画都不可比拟的。但是，我们并不因此相信伦布兰特的油

---

① 斯蒂芬·穆哈（Stephen Mulhall），英国牛津大学新学院哲学教授。
② 伦布兰特（Rembrandt，1609—1669），荷兰画家。

画布和颜料就是人，或者认为我们必须把它们当作人对待。我们把伦布兰特的耶利米①画像挂在博物馆的墙上，并认为这是对画像合适的态度，虽然这样对待耶利米本人也许不亚于把他扔进深渊那么不体面。从一幅画中看到人的特征完全不同于从人的肉体上看到的人的特征。看到并不等于相信，我在水中看到的手杖是折断的，对此我不能左右，但这不能迫使我相信它确实是折断的。那么，看到人的特征的目的是什么呢？如果这种观察可以被运用于一个诸如油画布那样的无生命的物体，它是不是不限于人？如果看到人的特征并不一定是仅适用于人类的某种东西，那么把人看作人和把他们当作人对待之间存在什么联系呢？

人们会以两种不同的方式来观察绘画中的人的形象（包括绘画中的其他东西）：一是把他看作画中的人的形象，一是把他看作有外延含义的人的形象。伦布兰特的母亲的形象可以以两种不同的方式来评价：其一，认为所画的形象与母亲本人没有任何联系；其二，把它与画外的人的形象联系起来。当一个艺术家不用模特而根据他的想象就画出一个人的形象时，绘画中的人的形象会没有任何画外联系。问题是我们在画外辨认出来的人的形象与画中的人的形象极相似。与伦布兰特的绘画存在联系的画外形象，是历史上的耶利米还是伦布兰特在画耶利米时所用的模特？适合于看到人的特征的画外形象是那个模特的形象。

从绘画外的人的形象在绘画中的表现来看到他的人的特征，与看到一个画中人的形象的人的特征，两者之间存在区别。在画外的形象情况下，绘画以一种可以被看作人物本身肢体表达的自然延伸的方式来表现人的形象的灵魂。甚至连戈尔巴乔夫在他的辞职演说中的面部表情，我们中间的绝大多数人也仅是在电视上才看到的。但即使我们未能看到戈尔巴乔夫本人，我们肯定看到了戈尔巴乔夫的表情。对于有画外人的形象的绘画

---

① 耶利米（Jeremiah），公元前 7 世纪和 6 世纪的希伯来大先知。

而言，原型和被观察到的人的形象之间的差别程度要大于原型和电视屏幕上的形象之间的差别程度，但两者之间仍属于同一连续体。即使画中的人的形象会引起画外的原型的人的某些反应（如亲吻所爱人的画像），也用不着担心画中的人的形象会与画外的人的形象会互相混淆。母亲在别人夸奖她的女儿很漂亮时会答道："哦，没有什么，你应该去看看她的画像。"此时，这位母亲很可笑，却并不糊涂。无论如何，一幅由画外指向某个人的绘画中所包含的人性的特征，就是通过这幅绘画所看到的画外的人的形象。在这里，画犹如一面镜子。

余下的问题涉及画中只有一个与画外人没有联系的人的形象的绘画。在这种情况时，是谁、是什么被看作人？这个问题提出一个必须澄清的不言明的疑问。偶像崇拜的反对者经常表达出一种担心，通过偶像手段来表现神将会导致偶像被视为神本身而不是她的代表，这是禁止偶像崇拜的合理性解释的出处之一。但是，有人真的怀疑如果将一幅绘画或一尊塑像看作人会把对只适合于人的态度转移到他们身上，那么画中人和画外人之间的区别会消失吗。我们没有理由相信，对上帝可能会被偶像替代的担心曾经有过某种现实基础，即是说，已经有某个人误以为偶像就是上帝。关于这个问题，我将会在其他场合详细讨论。[17]然而，至于用人的画像来代替人的问题，除非在真正的病态条件下（例如冲昏头脑的物神崇拜者守在奈费尔提蒂①塑像旁边不离开）外，人的画像不会是人。在正常的情况下，即使我们把人的画像看作人，我们也不可避免地会看得到这个画像的非人的特征，如画像所使用的形状和材质、画像不是用肉和血制成的，以及画像从字面意义上讲是无生命的。即在人像绘画中，人的特征掩盖不了他的非人的特征。

---

① 奈费尔提蒂（Nefertiti），公元前14世纪阿肯那顿国王的妻子，埃及的一位王后，作者所提及的塑像陈列在德国柏林夏洛滕堡宫中的埃及博物馆内。

更加令人困惑的问题是，能把人看作从字面意义上讲的兽吗？我们看人时所根据的某些心理角度也适合于兽，但我们通常依据只有人所特有的（心理）暗示来看人。笑，就是这样的一种特征。正如维特根斯坦所指出的那样，狮子不会笑，即使狮子的嘴角向上微微弯成弧形并且眼睛发亮，我们也不能说它在笑。

对于只有在病态条件下人才会持续地把人看作非人的这一观点，有人会反对说，所有理解"小伙子"紧盯"漂亮姑娘"看的人都知道，看到人身上的非人的特征是一种常见的事，没有什么不寻常。男人仅仅通过女人的胸部和嘴唇的弧线、皮肤晒黑的程度和头发的颜色来看女人，这些男人看不到女人的人的特征。他们完全用形体和肤色来看女人，换言之，他们是人性盲视。

然而，真是这样的吗？我不否认有些"小伙子"以刚才所描述的方式来看"漂亮姑娘"，但我认为，即使最粗俗的男人也不仅从性的角度去看女人。他们可能会很注重性的外表，如肤色和身材、体重及身高等，以刺激他们对女人的性欲，但我不能苟同他们看不见人的微笑。"小伙子"看"漂亮姑娘"的傻相从许多方面讲很让人失望，却并不是用于解释人性盲视这个词的字面意义的例子。这是我们在这里关注的意思。

无视人与把人看作次等人

有一种观点提出，当一个人把他人看作非人时，羞辱就已经在他的眼中出现了，对此我已经公开表示过不赞成。如果羞辱人的人真的能（从字面意义上）把他人看作非人，那么从它的字面上看，对这个他人来说会存在一个感到被羞辱的充分理由。然而实际上，羞辱人的人并不一定把他人看成非人。人都把他人看作人。人的这种特征并不一定是人道主义的看人方式，即以富于同情心的方式看人。一种人的看人方式意指从人的心理描写的眼光

第六章　兽性地对待人

去看他人，即把人的身体特别是面孔和眼睛看作心理状态的表现。看人与看颜色一样，不是一个选择问题。正如完全或部分色盲的人一样，也会有对他人的人的特征盲视的人。在奥立弗·萨克斯①的奇妙的案例研究中，那个把自己老婆看成帽子的男子，就是这种类型的盲视[18]，这个男人病得不轻。

把人看作非人的情况是个例外。然而，完全不看一个人并不难。无论是有意的还是无意的，它都是一件很容易做到的事情。无视人并不一定意味着把目光转到其他地方以避免看到那些我们不想看到的人。无视人的最关键含义是不注意人，视而不见。把人看作背景而不是人的形象是无视人的一种方式。以这种方式看人与我们有时把人看作一个物体一样，都是同一种回避。但这种情况并不真正算作把所涉及的人看作一件东西，而是一种不看人或者更确切地说是一种不注意人的例子。诗人丹尼斯·西尔克描写了洒在从被占领土到以色列做工的阿拉伯人的身上的所谓"消失粉"，即一种让他们隐身的粉。他写道："一个好的阿拉伯人应该工作，而不应被人看到。"[19]

在反肤色羞辱理论中，"无视他人存在"是一个反复出现的命题。对土著人的羞辱在长期条件下表现为看"透"土著人，土著人仿佛是透明的，他们看不见"他"。看"透"一个人是什么含义？它的一个重要含义是把通常错误的事物看作正常的。将某个事物看作正常的便意味着把它看成某个理所当然的事物，是指把事物看成良好的、可靠的和稳定的，它在我们的意识中与"事情应当是这样做"这一提法相混淆。"正常"可以让我不去特别关注细节，并让我们把周围环境当作无须特别仔细观察的熟悉的场景，因为我们已认定该项事情应当是这样的。在殖民主义历史中，对有自尊的土著人的羞辱是：羞辱人的主人把他们的周围环境看成正常的，即他们看不到任何威胁的信号；而在自豪的土著

---

① 奥立弗·萨克斯（Oliver Sacks），美国脑神经文学家。

人眼里，这种环境充满着对主人的反对其压迫的威胁信号。自豪的土著人想被他们的主人看作威胁，并想把自己看作在主人眼中构成威胁的人。在土著人眼里，主人应当受到威胁，而且还应当感到被威胁；如果他们没有感到被威胁而且感到一切事情都正常，这就证明土著人处在一种无助的被羞辱的境地。

能否仔细看他人，关注他们的表情变化并因此注意到他们的情感，这在很在程度上取决于我们的决定，即是说，它是一个自愿的问题。因而，无视他人也是一个自愿的行为，而且不仅仅是极端的例子（如某个人为了不看另一个人而将头从此人之处转过去，或者用手蒙住自己的眼睛）。回避也可以表现为故意地放弃仔细看他人。在（规范地）应当仔细看他人的情况下，没有这样做具有把别人看作物体的意义，大王宫中的主人就是这样看他们的仆人的。他们不仔细看他们，不仔细看仆人还包括不把他们的注视看作对主人行为的任何障碍和制约。他们可以当着仆人的面与女人私通，基本上可以当着他们的面做任何事情。主人还希望仆人按照要求努力使主人很容易地完全无视他们。主人希望仆人是盲人，与所发生的一切毫无干系，以便他的注视不会使任何人尴尬。电视剧《楼上楼下》① 中赫德林对贝拉米家新来仆人的教导包含了关于仆人如何表现得准确的舞台指导：要求他们只关心他们自己有限的事情而不管其他，这样主人才能没有困难地无视他们。

因此，无视人并不严格地指把他们看作东西，而是不充分或不仔细地看人。然而，虽然人在正常情况下不会把他人看作物体，但却存在着人把他人看作次等人的情况。把人看作次等人，就是把他们看作带有烙污的人，即把某个生理上的"不正常"看

---

① 《楼上楼下》（Upstairs, Downstairs），20世纪70年代英国的一部一百多集的电视连续剧。讲的是20世纪初期伦敦一户有钱人家主仆们的生活，因为仆人每天大部分时间都花在地下室的厨房和洗衣房中，他们的生活是"楼下的生活"。"楼上"、"楼下"也成了主人仆人的代名词。

第六章　兽性地对待人

成他们人性缺陷的标志。这种不正常并不一定出现在他们身体的某一部分上，也包括他们身上穿的某件服装。那些不能容忍超正统的犹太人的人，把他们的胡子和卷起来的鬓角和帽子都看作是烙污。与此相似，地中海阿拉伯国家的人穿的宽大的白色长袍和穆斯林的头巾也和亚述人的胡子一样被看成伊斯兰"原教旨主义"的烙污。人长期穿的衣服上的显著之处正像身体标志一样，可以作为烙污的标志。视觉不是唯一可以用来定义烙污的感觉，气味也是贬抑人的尊严和社会地位从人至次等人身份的强有力的工具——从他们身上的汗臭味到他们吃洋葱、大蒜和咖喱的怪味。但我在这里只关注视觉而非其他感觉。

烙污是在人的完整人性之上的该隐①标记。烙污的携带者被周围人看作携带使他们看上去不如人的标签的人。虽然其他人仍把他们看作人，但他们是被看作带上烙污的人。埃尔文·高夫曼②强调的是对这些带有烙污的人的社会身份认同的伤害。[20]但我认为，应强调的是对他们的完整人性的伤害，带有烙污的人虽然被看作人但却属于存在严重缺陷的人（换言之，是次等人）。烙污表示一种严重的背离，背离了一个人的"正常外形"的原型。侏儒、截肢者、面部烧伤者、严重的白内障和极度肥胖者，他们只是一些烙污携带者，但这些烙污扭曲了我们这些其他人把他们看作人的视觉。当这种烙污占据主导地位，即是说掩盖了能够使我们把他人看成人的特征，达到我们的注意力会全部集中在他们的缺陷（如侏儒）的程度，那么，我们的视觉便转变为把他人看作次等人。有的时候，人们会有意把受到伤害的受害者带到一种他们会被看作次等人的状态之中，比如纳粹集中营里的伊斯兰教徒的例子。因此，羞辱人的眼光并不构成把他人看作一件东西或一台机器，但构成把别人看作次等人。

---

① 该隐（Cain），《旧约》中亚当和夏娃的长子，他出于忌妒而谋杀了他的弟弟亚伯并作为逃犯而被判罪。

② 埃尔文·高夫曼（Erwin Goffman, 1922—1982），美国社会学家。

这种看人的方法是可能的，但是，它告诉我们，羞辱的核心理念是把某个人或某个群体排除出人类共同体。我们将在本书第八章中讨论这种思想。我们在此讨论的重点是这种排除的感性特征，那些被看作次等人的人有理由（可能甚至有充足理由）感到自己被羞辱。后面这一点提出一个道德问题，如果把人看作次等人确实与感知有关而不是与描述有关，那么羞辱者如何才能因他们所不能控制的东西（即看事物的方法）而受指责？这难道不像因他们近视而谴责他们吗？

这个问题即使属于个人羞辱层面而不属于组织羞辱层面，仍非常恼人。对把人看作次等人的不道德性这个问题，回答时需要厘清看和描述之间的关系。我在这里讨论这一问题的形象属于一个更大的照片，其外形基本上不同于一般公认的照片。一般公认的照片把人照成不停地在做决定——从最微不足道的决定（如横穿一条马路）到最重要的决定（如选择生活伴侣），所有这些决定都涉及欲望（"效用"）和信仰（"主观可能性"）。根据这一观点，我们永远不会停止作决定，我们时刻都在评估、权重和计算。

每个行为之后的背后都有一次决定，对于这个观点，我持反对观点，我举起另一张照片。在这张照片中，人基本上不作决定。相反，他们极力避免作决定。他们的行为绝大多数出于习惯，即一个标准程序的框架下的习惯。横穿马路仅是很罕见的需要做决定的问题，对决定的需要只作为病态出现，一般发生在习惯程序失去作用或者关系重大有必要进行思考的时候。决定不是常规而是一种例外。有些人整个一生都没有做过决定，他们顺其自然，包括对待通常需要慎重考虑和认真决定的事情。我并不认为在我们的生活中没有决定，而是这样的决定的发生频率比前面那张在不停地作决定的照片让我们相信的要少得多。

人作为解释者的照片在很大程度上被同样地误导了，因为我认为解释是基于决定的行为的一个特殊情况。我认为，理解的基础是习惯而不是决定。尽管解释建立在假设、推理、汇集证据的基础之上（总之，建立在自觉、自愿的活动之上）。我们现在所讨论的问题是在感知条件下看到与解释之间的反差。这种反差完全不同于以缺乏批评能力或分析的、"不加掩饰的"眼光看东西与以一种机敏的、解释性的眼光看东西（即在看的行为中运用一个人的智力）之间的反差。看，特别是看特征，是观察和思考的组合。我们所看到的一切均受到我们习惯上所期望看到的影响。在法西斯主义社会成长起来的人能够看到"色盲"人看不到的烙污。同样，被培养成法西斯主义者的人也回避看到"色盲"人看到并注意的特征。看的习惯，特别是看特性，也受到文化和历史的影响。看特性受到所在社会的影响，这一事实并不使其成为一个解释问题。看特征完全可以是一种后天通过自己的努力得到的自动看见，但这并不意味着所有看特征都是后天通过自己的努力得到的，例如，把人看作人就不是后天通过自己的努力得到的而是先天的。但是，把人看成次等人则必然是后天通过自己的努力得到，例如纳粹主义教育能使人把犹太人和吉普赛人看作次等人。

人无法直接控制他们能看到什么，但他们可以通过有意识地改变对所看到的事物的态度来间接控制它。眼睛可以被训练成忽视烙污，并且能准确地看到人的特征。这不是直接决定的结果，还必须通过间接的方式来完成。

在视错觉（visual illusion）的情况下，比如棍子在水中时看上去像是被折断了，我们无法改变这种视错觉，无论是直接还是间接的。我们唯一能做的事情就是不相信我们看到的情景。相反，把人看成次等人不是这类感性视觉。这里，我们能够改变感知本身，尽管如前所述只能通过间接的方法。在看到一个人被羞辱具有次等人的特征的情况下，我们必须注意不仅要拒绝相信我们的眼睛，还要试图不把他人（从看的感知意义上讲）看作次等人，所需要的是一种"无烙污"的视觉。

"把人看作某个东西",这一表述具有一种以某种方法对待人的约定俗成的含义。然而,我在前面两节中已尝试过从字面上讨论这个表述,即使用"看"这个词的严格的字面意义。

把人当作次等人对待

我认为,羞辱是把人排除出"人类大家庭"[21](即把人当作非人对待),或者与人相处时仿佛他们不是人。对待人时仿佛他们不是人,就是对待人时仿佛他们是物体或动物。羞辱人的仪式或动作的重要作用产生于羞辱涉及在对人采取行动时"仿佛他是"(如仿佛他是没有生命的物体、仿佛他是工具、仿佛他是兽畜)。但是,这些羞辱态度都不是真正的排斥性羞辱。真正的排斥性态度是把人当作次等人、当作人的劣等人种对待。相反,把人排除出人类共同体的态度(把人当作物体或动物)却不表示对这些人的真正的羞辱态度。真正的羞辱态度是把他们当作物体、当作兽。

之所以用迂回的方法提出这个问题,主要是因为我们所讨论的态度不仅仅是对别人的误认为,即把某些人误认为不真正地是人。这里的关键词应当是"姿态",它比误认为更代表一种基本的态度。但我所说谈的基本态度并不是指这种态度是一种不假思索的反应。如果我们用文字来表达姿态的内容,表达姿态的句子就不会是表达看法的句子。表达姿态的句子的作用是基本结构句的作用,基本结构句构成我们表现世界的规则。当提及他人有一个灵魂,提到他不是机器,就是提供一个介绍他人的基本结构。它就是我们对其他人类所相信(对他们所想要的、所感觉的、所思考的相信)的基础。一个表达看法的句子是一种有两种相反或矛盾的见解或性质的句子:只知道世界上什么能够使句子真实还不行,还必须知道句子如果不真实意味着什么。像"她有一个灵魂"这样的基本结构句不具有两种相反或矛盾的见解或性质,我们不知道如果它是假的意味着什么。"人有灵魂(即心理学判断的主体)",不是一种假定而是提供了一个介绍人的基本结构。基本结构句描述了介绍我们的对象的方法。使用基本结构句是一种态度,而态度不是决定的结果。这并不意味着赞同基本结构句是一种不可改变的姿势,只是指姿势的改变不是作为决定的结果而发生的。

这一分析使我们的讨论由对别人的姿势转向了对关于别人的基本结构句的姿势。现在,让我们从对待句子的态度问题回到把别人当作人对待这个问题上。

我的中心观点是:羞辱假定被羞辱者具有某种典型的人性。羞辱行为把他人当作非人予以排斥,但这种排斥行为假定被排斥的对象是人。我的这一观点接近黑格尔关于主人—奴隶的辩证法。[22]主人不仅想要对奴隶具有绝对权力,还想要奴隶承认他的绝对权力。这两个欲望互相抵触。在这里,主人的态度相似于一个足球队不但希望狂胜竞争对手而且还想让他们的胜利作为一种成就得到承认。狂胜会贬低胜利的价值,因为它表明对方不是一个强有力的对手。这里存在一个矛盾——即一个人在同一个时间上既想又不想痛击其对手。一个人痛击对手是为了显示他的绝对优越,但他们不希望如此狂胜他们,以至于使他的优越没有价值。

如果我们用羞辱和尊重来诠释主人—奴隶的关系,那么主人对奴隶的羞辱就是一种自我羞辱。被羞辱者必须视之为有意识的人,从而具有固有的人的价值,只有这样,否认他的人性的羞辱行为才可以发生。羞辱既要达到证明绝对的优越的目的,也要达到获得对这一优势的认同的目的,这在概念上是不可能的。绝对的优越以非人类为对象而获得,而认同却只能从其他人身上获得。

主人—奴隶的关系为我们提供了一个简单方法来证明羞辱所

基于的假定。奴隶制度的表现形式（如在古罗马和美国南部）证明，无论它有多么严酷、多么残忍，这种奴隶制并不是建立在奴隶只是物体或只是拉东西的马这个假定之上的，但这不意味着奴隶因为他们的人性而受到比较仁慈的对待。美国南部奴隶的子女还去教堂施行浸礼，而被视为耕田所用的犁和马显然是不会被施行这种宗教仪式的。当然，奴隶市场确实可以买卖奴隶，而且未来的买主也确实像买马一样地检查奴隶牙齿以了解他的健康状况。奴隶买卖说明：奴隶被视作具有交换价值，但是，奴隶必须是基督教徒这一条件却证明对他们的人性意识远不只一点点。

至于古罗马，保尔·韦纳①的观点是正确的，即主人把他们的奴隶看作一种天生不成熟因此不能成为成年人的人。[23]男性奴隶在许多语言中都被称作"男孩"（英语用"boy"，拉丁语用"puer"，圣经的希伯来语用"na'ar"）。我把这种语言表达方式理解为是对次等人而不是对非人的态度。一方面，对奴隶的看法受心理谓词的影响；而另一方面，这些心理谓词只适用于儿童。韦纳曾提到，柏拉图为了让他的听众高兴，曾描绘一个坠入爱河的奴隶。[24]在听众看来，把一个完全的人的感情赋予奴隶，就像一个发生在幼儿园里的情节曲折、动人的爱情故事一样荒唐可笑。的确，在我们的文化中，成年人并未把次等人当作儿童对待。但是，像儿童一样对待奴隶或"土著人"则完全可以被视为把他们当作次等人对待。这意味着把他们当作永远长不大的、永远没有能力对其行为负责的儿童对待。在我们的社会中，人们对待先天愚型的人的态度与此完全对应。许多人把他们看作次等人，犹如外表上被打上"先天愚型患者"的烙污。这种外表便告诉人们：先天愚型的人永远不能完全成熟。

我坚持认为，连他们的残忍行为中的令人毛骨悚然的情景都表明一个事实，即被指控的人非常清楚他们正在与人打交道。日

---

① 保尔·韦纳（Paul Veyne），著名法国罗马史学家。

第六章　兽性地对待人

本战俘劳工营因其可怕的残忍而闻名于世，但有报告称，在这些残酷的劳工营中，有一个劳工营的指挥官曾将被奴役的战俘带到山顶上去欣赏樱花。他觉得不能剥夺任何人欣赏这种奇观的权利，即使他们是不幸的人。纳粹主义的宣传经常把犹太人比作老鼠，把犹太人视为"文化的毒害者"（poisoner of culture）。尽管纳粹的宣传将两者相提并论，但文化毒害者不可能是老鼠。即使法西斯主义的主要人物亨利希·希姆莱①也不得不承认，他在波兹南②对纳粹党卫军军官的著名讲话时，曾谈到在集中营里杀人不同于杀死老鼠。所以，刽子手消灭受害人的自然情感的努力远比仅是杀死老鼠要"英勇"得多。在劳工营和死亡营中，针对受害人的特别的残忍（特别是发生在那里的羞辱），正是因为涉及人才以这种方式发生。动物不会受到同样方式的虐待，至少动物没有受到责难的目光。

值此，我的基本观点是：羞辱的核心概念是把人排除出人类共同体。但是，这种排除不是建立在相信被排除人仅仅是一件物体或是一个动物的认识或态度之上的，排除行为发生时仿佛某个人是一件物体或是一个动物。把人当作次等人对待是这种排除的典型表现。

---

① 亨利希·希姆莱（Heinrich Himmler, 1900—1945），德国纳粹头子，权力仅次于希特勒。
② 波兹南（Posnan），波兰城市。

第三部分

体面作为一个社会概念

第七章　羞辱的悖论

　　与把人排除出人类社会这一概念相比，故意使人对根本利益完全丧失自由和控制，也是一种羞辱概念。但我认为，丧失控制方式的羞辱概念包含在排除方式的羞辱概念之中，但两个概念各自强调不同的方面。排除方式的羞辱侧重于从羞辱者的角度看问题，而失去控制方式的羞辱则着重于被羞辱人的立场。然而，我们首先必须明确的是羞辱在什么意义上涉及失去控制。

　　病人或老年人有时对他们的肢体功能失去了控制，给他们带来一种丧失尊严的苦楚。自豪感的核心成分是自我控制感，对自我控制的尊重也是尊重他人对我们的控制的重要组成部分。美国西部的印第安人头领说话的语气用的是一种绝对自我控制的沉着语调，带给我们的感觉是他非常的自豪。如同在个人尊严的显露中一样，在社会荣誉的显示中，自我控制的表情动作位于中心位置。

　　自我控制必须与自律相区别。自律表现为一个人在某个特定方面、针对某一个特定目标控制自己的行为。一个工匠在其工作中会严格遵守纪律，哪怕是为取得职业成就而放弃直接或非直接的满足。但就是这个工匠在其非职业生活中却会表现出完全缺乏自我控制。为复仇而卧薪尝胆的人表现的是自律而不是自我控制。自我控制不与特定的目标挂钩——它是不限于某个特定的行为的普洛克路斯忒斯的床①。

丧失自尊和丧失自我控制一样，涉及自立的自尊概念。一个自我控制的人表面上看不受外部刺激的影响，但问题在于外部刺激与内部刺激之间的区别很难厘清。一方面，堂·吉诃德对风车有反应（一种外部刺激），但他的反应是在来自于他兴奋的头脑中的骑士的马的描述的作用下产生的，属于一种"内部刺激"。可是，尽管存在困难，一般的概念还是清楚的，即自我控制表现在延时的反应之中，是深思熟虑的而不是对外部环境的自发的条件反射，它表现为一个人用基于理性和不仅基于原因和动机的行为来战胜他的"内心驱动"。在各种羞辱人的行为中，很大一部分是向被羞辱者表明他们对其命运缺乏甚至最低程度的控制——他们是无助的，只能听任羞辱者的摆布。

然而，以上观点与丧失控制也属于羞辱的核心概念，这与把人排除出人类共同体的观点之间存在什么关系呢？萨特②为我们提供了一个有用的框架，供我们讨论丧失控制方式的羞辱（即失去自由）和把人排除出人类方式的羞辱之间的关系。

萨特认为，看到人的特征，就是把人看作可以自由地决定其生活的人。把人看作一件东西，是一种"物体"，就是把人看作不能自由地决定其生活的人。当一个人否认他自由的能力〔萨特称为自我欺骗（"having bad faith"）〕，我们就把他看作一个在从外面附着在他身上的一个标签的作用下来行为的人。在萨特著名的例子中，服务员的行为像一个牵线的木偶。[25]他不按人的特征来行为，却好像正在扮演一个角色——仿佛他的角色代替了他的灵魂。如果我们仅仅从他的身体或他的角色来看他（换言之，只要我们不把他看作能够自由地决定自己生活的人），我们就看不

---

① 普洛克路斯忒斯的床（Procrustean Bed）源自古希腊神话的典故。普洛克路斯忒斯是希腊神话中的巨人，他将俘虏拔长和截肢以使他们与床齐长。意指强行一致。

② 让-保罗·萨特（Jean-Paul Sartre, 1905—1980），法国作家和哲学家，存在主义的代表人物。

到这个身体的主人和这个角色的扮演者的完全的人的特征。

我曾提到，萨特认为人没有抽象本性，但现在我必须回避这个观点。人没有本性，是指他们没有一整套唯一的决定其生命过程的"性格"特质或禀性。在任意时刻开始不同于以往的新生活的基本可能性对每个人都存在。从另外一种意义上讲，这种决定自己生活的自由，是人区别于其他动物或事物的唯一本性。人没有特征，但他们存在这种意义上的本性。

对"本性"概念的理解不同，这一现象由来已久。马克思也否认人有某个"本性"，并且强调人都有造反的能力。换言之，人的造反本性是不可根除的——只能被暂时压抑住。人是自由人这一命题是一个哲学上的本体论命题，犹如笛卡儿认为事物的特征是发展、灵魂的特征是思考。用否定他自由的能力的方式来对待某个人就是把他排除出人类。虐待狂者就将其受害人看作只是一具躯体，并不是从自由的角度来看待受害人。换言之，即看不到他的人的特征。受虐待狂者与虐待狂者互为补充，将自己作为完全不自由的人赠予虐待他的人，两者互动对人的自由的剥夺就是羞辱。

虐待狂者和受虐待狂者之间的关系，特别是性关系，涉及对自由受到限制的受害者的一种非人的态度，相当于把某个人看作允许他人随心所欲地调戏自己。正如在主人—奴隶的关系中一样，结果是一种违背自己利益的态度。一个欲拥有绝对权力的人需要使自己的绝对优越得到认同，而这种认同只有来自自由人（即有充分资格的人）时才具有价值。鉴于此，绝大多数把人当作非人对待的行为都是"仿佛"。意指这种对待并不是真正地在本体论的层面上否认另一个人的人性，而是在他们之间的具体关系的层面上否认另一个人的自由。完全剥夺他人的自由并作出意在表明他人处于他的严格控制之下的表情动作，也能构成把他人排除出人类的行为。这就是排除式羞辱和完全失控方式的羞辱之间的关系。

人们也许会问：这种剥夺人自由方式的羞辱（即阻止人对涉

及其根本利益做出决定）如何与前面所讨论的关于人极力避免做决定的图景相对应？我的答案是：人在日常生活中按照习惯和标准程序形式不做决定的图景，与（尽管有这些习惯和标准程序存在）如果或当选择这样做时有决定的自由的图景之间，没有逻辑上和操作上的矛盾。

现在，回到我们的主题。我们在这一节中的基本观点是：羞辱作为对人的自由和自我控制的严重减损，应归入把人排除出人类方式的羞辱概念之中。把人排除出人类就意味着不承认他们有自由，因为自由是人区别于东西的关键之一。在这一命题下，这个观点是正确的。

我们已经讨论了两种羞辱概念之间的联系：一种是把人排除出人类的羞辱，另一种是对他人自我控制能力的极端伤害方式的羞辱。然而，在这两种概念中无论是采用哪一种，羞辱的概念都可能引起悖论。我将在下一节讨论这一悖论。

污辱及羞辱的悖论

污辱和羞辱这两个词是一个连续的整体。羞辱是污辱的极端情况，而这两者都表示对一个人荣誉的伤害。但是，本书要在这两个词之间做一个定性的区别：即"污辱"表示对一个人社会荣誉的伤害；而"羞辱"则表示对一个人自尊的伤害。污辱可能伤害被污辱人的自豪，羞辱伤害的则是一个人内在的价值观。

羞辱的悖论可以用这样的图形来表达，如果该隐的标记印在该隐的前额上，那么就没有任何邪恶，因为该隐罪有应得；如果该隐的标记被错误地印在亚伯①的前额上，亚伯就不应该为此过于痛苦，因为亚伯非常清楚他没有杀人，他不应该把自己想得太

---

① 亚伯（Abel），《旧约》中亚当和夏娃的儿子，后被其兄该隐杀害。

第七章 羞辱的悖论

坏，该隐的标记是被误印在了他的额头之上。

由于污辱对被污辱者在他人眼中造成伤害，因此它是一种社会恶行。与此相反，如果羞辱涉及为受害人提供了充足的理由来认定他的自尊受到伤害，便似乎缺乏任何存在的理由。因为假使羞辱仅仅是一种正当的批评，那么人们应在不损害自尊的条件下改变评价自己的方式。如果羞辱是一种不正当的批评，那么甚至连减损自己的自尊都不应该，更不必说伤害自己的自尊了。羞辱的悖论让我们从本质上回到斯多葛学派关于"感到污辱是不理性的"的批评，换言之，从心理学意义上讲，人会感到被羞辱，但从规范意义上讲，人不会。

贝纳德·威廉姆斯把情感分为"红"与"白"两种；即是说，分为使我们脸红和使我们面色苍白的两种情感。蒙受耻辱是红色情感，内疚是白色情感。红色情感是人处于其中能够通过他人的眼睛看到自己的情感，因此而脸色发红。人处于白色情感时，人是用自己意识的"内眼"来看自己；越看他的脸色越白。在两种不同的情感下，人的观点也会不同。羞辱的悖论就在于一方面人可以通过他人（凶暴成性或专横的人）的眼睛来看自己；而另一方面，羞辱的规范含义则是人要从他自己的观点出发去做出反应。羞辱是红色情感，但被羞辱者的反应却与白色情感的相吻合，而一个人的脸色不可能同时完全红或完全白。

"伤害"，对它的定义取决于他人的态度，因为这涉及对一个人的社会荣誉的伤害。倘若伤害建立在一个无端的指控之上，而被伤害的人有理由相信：无论指控对错与否，都伤害了他的社会荣誉，于是，他就有了受到伤害的充足理由。然而，在一个无法做出合理性解释的羞辱行为（即羞辱一个人的任何企图都无法做出合理性解释）的情况中，问题的关键便是受害人是否具有充分的理由认为他受到羞辱，即认为他的自尊在他本人的眼中已经受到减损。

现在，让我们把这个问题说得更直白。羞辱是把他人排除出人类，即对待人时仿佛他们不是人而是东西、工具、动物、劣等人或下人。我们很容易理解为什么这种"仿佛"的对待肯定会伤害人或使人蒙受耻辱，即过度损害人的社会荣誉。但是，为什么这种对待会向受伤害人提供认为自己在其人的价值上被低估的理由呢？他们为什么会接受羞辱人的恶棍迫使他们接受的看法呢？受伤害的人有一种将自己与伤害他们的人视为同类的倾向，这一现象被看作一种心理学事实，而我们的问题是规范性的，不是心理学上的。

　　羞辱涉及实实在在的威胁，它所基于的事实是：羞辱者——特别是组织羞辱者——对他所攻击的被羞辱者拥有掌控的权力。它决定性地涉及羞辱者给被羞辱者带来的全然无助的感觉。这种无助的感觉体现为受羞辱者担心无力保护他们的根本利益，即使被羞辱者试图转败为胜并且将羞辱者看成（非字面意义上地看成）兽，也无法减轻他的羞辱感。诸如约瑟夫·门格尔①这样的披着人皮的魔鬼，被他们所羞辱确实是一种羞辱。被羞辱者在羞辱者的行为中可以感觉到一种实实在在的威胁，而且面对这种威胁具有一种无助的感觉。他即使成功地使自己确信站台上的那位英俊魔鬼（门格尔在其受害者面前的形象）不是一个人而是真正的魔鬼，也无法让自己摆脱已被辨明的羞辱感。羞辱存在着，而且被辨明，因为被羞辱者禁不住自己把门格尔看作一个人。把门格尔看作兽并因此把他的行为不视为被羞辱的理由，这只是一种策略。我的观点是，即使这种策略行之有效，然羞辱状态仍然存在。把人排除出人类方式的羞辱，即使没有任何肉体上的疼痛而是以仪式或象征形式出现，仍属于一种根本不是象征的、实实在在的排除。其间始终存在着一个威胁——过一种不值得作为人的生活。

---

① 约瑟夫·门格尔（Josef Mengele），奥斯威辛集中营德国医生，因用活人做实验而声名狼藉。

第七章　羞辱的悖论

在幸存的犹太人向国外散居的漫长历史中，他们往往对异教徒（非犹太人）采取一种将他们看作"狂叫的狗"的态度。没有人会被他们伤害和羞辱，毕竟一只狂叫的狗不会伤害和羞辱任何人。狗可以令人害怕，但绝不会羞辱人。被羞辱者试图将羞辱者去人格化，这种想法尽管可以理解，但与像羞辱者试图把他们看作兽的做法有根本的区别。

犹太人在几个世纪期间采用的另一个谋略是"好兵帅克"[①]战术，即对可能的羞辱者采取一种装傻的态度，一种用向羞辱者做鬼脸来避免对羞辱者的太在意的态度。这种选择似乎很方便有效，于是问题便是为什么羞辱被人们如此在意。实实在在的威胁不在于羞辱本身而在于人们对它的在意。受辱者没有理由应当看他的人的价值中的缺陷，他只需要看到对其生存或对人的基本条件构成的危险。

但是，处于被羞辱状态下的弱者们自卫的诀窍，如"狂叫的狗"、"好兵帅克"、把羞耻的标记换成骄傲的标志（诸如"黑就是美"[②]），或者"他没有对我吐口水，只是天在下雨而已"这种不承认的战术，都不能根除羞辱状态。它们最多可以适当减弱被羞辱的程度。

然而，我们必须再次问道：为什么会这样？为什么自己会感到受羞辱？社会是社会荣誉的前提，只有你需要把自尊给予自己。如果如此，那么不认识你的人（不论是个人还是群体）如何认定你是否应当并且如何尊重你自己？此外，自尊是你把自己作为一个人给予自己的尊重，它不基于对你本人任何成就的任何评价。你是人，这是一种特质，不是一种关系。你是不是人在任何情况下不取决于任何人对你的看法或者任何人如何对待你，正如

[①] 好兵帅克（Good Soldier Schweik），捷克幽默讽刺小说《好兵帅克》一个普通的捷克士兵。

[②] "黑就是美"（"Black is beautiful"）指20世纪60年代美国发起的称为"Black Power"的黑人争取民权的运动。"Black is beautiful"是这场运动的标志性口号。

你头上长着的那些浓密的头发不是一种取决于任何人的态度或任何人对你的头发看法的特征。即使别人取笑你的头发变得稀疏了，而如果实际上你的头发很浓密，那这种奚落不会给你以充足理由感到或相信自己的头发正在脱落。

对上面这个问题的回答是：虽然自尊是你对自己的态度，但它有赖于他人对你的态度。这种依赖性不仅是因果关系的，它不仅仅由人们对你的看法构成，他们对待你的方式也在心理上影响着你对自己的态度。所以，这种依赖性也是概念性的。

对尊重人的怀疑论的合理性解释，起源于我们互相都承认属于人类，我们因此也仅仅因此而值得尊重。如前所述，怀疑论的合理性解释基于一种态度而不是一种特质，任何一个可以被用来解释尊重人的合理性的特质都寄生在我们把人看作人的态度之上。因此，任何把一个人排除出人类的企图都在侵蚀着尊重所依靠的基础。即使被羞辱的人坚信自己的权利被严重侵犯，只要他和其他任何人一样都是人，他在确定对自己的方式时就不会不考虑他人如何对待他。这是因为别人的态度，无论多么不道德，都是界定人的族类所必需的，因为属人具有价值。他人的态度就包含在人的价值这个概念本身之中，自尊的承载者把这个价值应用于自己。总而言之，有自尊的人无一不关注他人对自己的态度。

哲学上有许多问题，其结构问题会在表面上不参照本身以外的事物但经过分析后变为需要这种参照的情况下突然出现。例如，休谟①的因果分析就是建立在"只有当这一类事件总是伴随着第二类事件出现时一个事件才是另一个事件的原因"这一观点之上的。但是，我们为什么需要这些同一种类的其他事件呢？如果人世间只有一块窗玻璃而且只有一块石头，即便没有其他的投掷石头或碎玻璃的例子，这块石头投向窗玻璃上难道不是窗玻璃破碎的原因吗？休谟认为，因果关系存在于我们看事情的方法之

---

① 大卫·休谟（David Hume, 1711—1776），英国哲学家和历史学家。

中而不存在于"现实世界"内。根据他的分析，为了使我们能够构建因果关系概念，其他事件是不可或缺的。这一概念是条件反射的心理结果，并且按照休谟的观点，不存在基于一个刺激之上的条件反射。所有一般词汇都属于这种情况。比如"红色"，它可以被定义为所有流出来的血的颜色，但我流出来的血会是世间唯一的一种红色的液体吗？在这里，如果世界上不存在一种唯一的红色，红色的概念也不会形成。同一类的观点认为，如果我不知道其他人也使用我的语言，那它也会是无法使用的。确实，有一整套哲学论点，其中乍看起来存在着一种可以适用于世上唯一一件事物的概念，不需要任何其他的也存在，然而，仔细观察后的结果是这种概念的形成却需要其他事物的存在。与之相似，自尊虽然建立在一个人他自己眼中的人的价值之上，却内在地需要其他值得尊重的人。

神的荣耀与人的尊严

把人的尊严概念与神论的宗教中的神的荣耀概念之间进行比较，也许会给我们一点启迪。在这些宗教中，神很在意他的荣耀，连已经因崇拜其他神而没有资格再崇拜他的人，神也要求他们的崇拜。既然其他神都被视为无价值和虚幻的，而且愚昧的偶像崇拜者所选择的却正是这些虚幻，神热衷于她的荣耀这一现象便非常奇特。要求这些破裂的蓄水池（broken cistern）信徒崇拜生活用水（living water）的源泉有什么意思？为什么要从一群傻瓜和为恶者那里得到唯一的神的荣耀？神及其"自尊"取决于这一类人吗？

我们从这一观点中可以得出的结论非常直截了当：即如果连伟大、可畏的神都需要人类的认同，那么他人就更需要我们的认同。圣经上的神甚至需要那些最不值得信奉和崇拜他的人维护他的荣耀。在仿效神（Imitate Dei）之外，我们可以说，我们感到被羞辱（用"蒙受耻辱"一词可能更贴切）这种心理事实，即便小得不能再小，也是我们生活中的基本事实。为这种事实寻找一个普遍适用的合理性解释是很愚蠢可笑的。事情就是这样，这就是生活。当然，在某些情况下，我们会要求某个人对为什么他认为自己被某件事所羞辱而其他所有人都不这样认为（例如他认为有人向他的脸上吐口水，其实是在下雨）的事做出合理性解释。但是，如果问维也纳广场的犹太人为什么在纳粹强迫他们擦洗地面时感到蒙受耻辱，便成为很荒诞的事情。倘若这样的事情还不构成羞辱，那么什么才是羞辱？

  但是，还有另一种方式来理解为什么神需要没有资格崇拜他的人都崇拜他。这种方式是通过一个与羞辱的悖论互补的悖论（爱的悖论）来解释对荣耀的需要。与羞辱人的人正相反，爱人的人把他（她）的对象看作人。把其所爱的人当作人对待意味着承认他人有选择的自由。一方面，爱人的人希望独占被爱的人；但另一方面，他又希望她能自由地选择他。即使她真的选择了他，他还是会一直担心有一天她会不再爱自己了。于是，他觉得自己处在两种欲望之间的一种关系紧张的状态下，一种欲望是想对所爱的人拥有绝对控制以便使她仅仅属于他，另一种欲望是想要所爱的人仍有选择的自由，尽管这会危及他的独占性。萨特就是这样诠释普鲁斯特[①]的小说中阿尔贝婷[②]的。上帝渴望被唯他独爱、唯他独尊，但这种爱和崇拜只有当它们与选择的权力（包括极其错误的选择，甚至是崇拜作恶者的选择）结伴而来时才具有价值。

  这些悖论证明，在爱和羞辱的实现中存在一个有违自己利益的成分。这不是一个会使人们无法爱或羞辱任何人的逻辑上的矛

[①] 马塞尔·普鲁斯特（Marcel Proust，1871—1922），法国作家。
[②] 阿尔贝婷（Albertine），普鲁斯特著名小说《追忆似水年华》中的人物。

盾，而属于一种概念上的紧张，由此带来这样一个问题，即爱和羞辱是否是一种能辨明的而不仅仅只是被引发的情感。我一直坚持认为：一个人当他爱一个毫无用处的人而被拒绝时可以合理地解释感到受伤害，而且一个人也可以合理地解释感到自己被某个毫无价值的人所羞辱。

羞辱的情况比爱的情况更清晰，其原因在于羞辱即使在羞辱者不在场的情况下也能感受到。一个人的生活条件，只要是人为的，也会羞辱人，而爱却没有可相比拟的事。羞辱并不需要存在一个羞辱者，因此找出羞辱者是谁远不如确定它是否存在对感到被羞辱的合理性解释更为重要。在我们的例子中，由于我们关注组织的羞辱（它的代理人是办事员、警察、士兵、监狱看守、教师、社会工作者、法官及其他有权威的人），所以我们在研究羞辱者的行为是否使人蒙受耻辱时，可以不考虑他们的主观故意。如果我们讨论有系统地羞辱这种并非某个有权威的人的任性行为，这一点特别可以被辨明。我们很容易地把有系统的组织性羞辱看作一种使蒙受耻辱的状况，而对于一个人感到被羞辱的合理性解释而言，完全可以不考虑羞辱者是否是个人还是组织。

我们把讨论的重点从羞辱者转到羞辱状况上，并不是打算免除那些代表组织实际地实施羞辱行为的人对他们的所作所为应负的个人道德责任。相反，我们意在清除理解被羞辱者认为他们蒙受了耻辱为什么是理性的所存在的障碍。从羞辱者到羞辱状况这一转变十分重要，因为组织性羞辱与羞辱者的个人癖性无关，只取决于羞辱的性质。因此，它与在个人关系中出现的那种羞辱形成鲜明对照，你无须评价羞辱你的官员就可以评价他所供职的组织。此外，你甚至无须评价组织本身就可以发现使它造成蒙受耻辱的条件的权力。爱与羞辱不同，它不能从个人转向组织。组织不会爱。

第八章　排斥

倘若体面社会是不羞辱人的社会，那是否意味着它也应是一个不使人蒙受耻辱的社会。换言之，体面社会是否也必须是一个不会使组织所管理的人不蒙受耻辱的社会？进而再论，它是否也是一个不使人蒙受耻辱的社会？

有一个普遍接受的观点是：可以把社会分为耻感社会（shame society）和内疚社会（guilt society）两种类型。这两种社会之间的区别轴线是：在耻感社会中，它的社会道德规范已经为其成员所内化，他们在违反这些规范时会感到内疚；在内疚社会中，所有事情都被外在化，其成员的主导动机是避免外部惩罚，保持他们在他人眼中的荣誉及好的名声，免得他们蒙受耻辱。按照这一粗略的划分，耻感社会似乎与体面社会之间没有较大的关联，因为后者只涉及个人的自尊而不涉及个人的社会荣誉。在这种情况下，体面社会只能在内疚社会中而不能在耻感社会中去寻找。从给予每个人他应得的荣誉这一角度来看，耻感社会可以算作体面社会；但从作为人给每个人以平等的尊重这一意义上讲，耻感社会则不能算作体面社会。在一个耻感社会中，羞辱只能以降级（即降低一个人的社会等级以使他在别人面前蒙受耻辱）的形式构成。从伤害人的自尊的意义上讲，这并不是一种羞辱。在一个典型的耻感社会里，人们本身不存在自尊意识，存在的只是他人眼中的荣誉感。有一种观点认为，一个人能做出可耻的行为，这种行为只有他自己才知道而且他会因此损坏其自我形象，贬低他作为人的地位。这一观点与耻感社会的概念背道而驰，因为别人不知道的东西并"不存在"，因此不能作为耻感的来源。

加布里埃尔·泰勒①描写过一个男孩，他向朋友吹嘘如何博得姑娘的芳心，而事实上根本没有这些事情，他还是一个童男。[26]这个男孩也许会因欺骗朋友感到内疚，但在他内心却为自己还是一个童男感到耻辱。他用撒谎来避免朋友使他蒙受耻辱，然而这不表明他在内心不因撒谎而感到耻辱。我们从这个例子中得到的启发是：耻感和内疚之间的区别不在于耻感是一种外部反应而内疚是一种内在反应。内疚社会和耻感社会其已被人们普遍接受的特征是建立在"内在"和"外在"两者的对立之上。然而，看待这一区别的正确方法，却是把它看作两类人之间的差别。一类人是以他自己的观点来看待他的令人感到耻辱的行为或他的失败，另一类是以他人的角度来看待他的令人感到耻辱的行为或他的失败。这些他人并不一定要存在。一旦他人不存在了，内疚和耻辱之间的界限也不再存在。假若一个年轻的犹太人放弃其宗教信仰，吃了不符合犹太教规定的食物，他在想到他的已故的守教规的父母时会感到耻辱吗？或者会感到内疚吗？这个问题很难回答。

从涉及他人看法的意义上讲，耻辱和羞辱都是"红色"情感。但是，正如他人的存在会是获得自我意识的一个先决条件并不会影响我们最终达到一种独立的意识一样，我们在获得自尊时需要他人的看法这一事实，也不应当阻止我们形成一种不再依附他人的、对我们自己的尊重意识。

鉴于此，耻辱与羞辱的区别究竟何在？我的观点是，耻辱包括羞辱，但羞辱不包括耻辱。这种包括关系需要进一步澄清。花

---

① 加布里埃尔·泰勒（Gabrielle Taylor），加拿大资深因特网作家。

类包括玫瑰花类,尽管玫瑰是一种花,但不能认为玫瑰花类包括花类。与此相反,玫瑰的概念包括花的概念,因为玫瑰作为花的属性中的一种,其定义包括花的属性,反过来则不然。这是类意义上的包括(外延)和属性意义上的包括(内涵)之间的逆向关系。耻辱包括羞辱类,但耻辱的概念却被包括在羞辱的概念之中。某个人受到了羞辱也就蒙受了耻辱,可是蒙受了耻辱却未必受到了羞辱。

一个人会因一事无成而感到耻辱,但我认为这不是羞辱,羞辱不是一种成就的概念。只有当一个人为某个与他所从属于的某一群体相联系的自我鉴定中的特征感到耻辱时,耻辱才涉及羞辱。如果一个社会利用其组织致使人民为他们的自我鉴定中某个法定的从属特征(如爱尔兰人、天主教徒或者贝尔法斯特市的德里伯格赛区①的人)感到耻辱,那么这个社会就不是一个体面社会。倘若一个人因其父母或出身(例如富农②的后代)而感到耻辱(这可能是他的身份认同的重要成分)并且这种耻辱由社会政策和组织行为所造成,那么,这个社会就不是一个体面社会。

并不是一个人的自我鉴定中的每一项特征都是道德上合法的特征。一个社会如果使其人民因属于某个犯罪团伙而感到耻辱,或者使举行虐待狂式典礼活动的魔鬼崇拜者为他们的"宗教"感到耻辱,就不能被指责为不体面的社会,因为它能使这些人感到耻辱。一个社会,如果能够使纳粹积极分子的子女为其父亲感到耻辱,就不要放弃争取成为体面社会的努力,但一个使纳粹子女只感到内疚的社会却应当放弃这种追求。他们应当感到需要补偿他们父母所犯下的罪行,从这个意义上而论,使他们感到负有责

---

① 贝尔法斯特是北爱尔兰首府及最大城市,位于该国东部贝尔法斯特—爱尔兰海北海峡的一个海湾。自19世纪以来,该城因新教徒与天主教徒的冲突而分裂。人口为318600人。德里伯格赛区为该市的一个部分。

② 富农(Kulak),沙皇俄国时期拥有土地的富裕农民,在"十月革命"中被共产党划为剥削者身份。

任是正义的,而不应当使他们只感到内疚。所以,我把一个人的身份认同的特征分为两种——道德上合法的和道德上不合法的。

另一个是身份认同特质和成就特质之间的区别。使一个人为其合法的身份认同特质感到耻辱就是一种羞辱行为;令一个人为其身份认同的成就特征(如在一位作家把自己称为一位伟大的诗人时将其描绘成雇佣文人)而感到耻辱,可能会是一种辱骂,但不构成羞辱。从我们在这里所使用的道德贬低的意义上讲,至少这种做法没有为感到羞辱提供理由。

自我鉴定意指一个人自我认同的定义。以下三个方面属于自我认同范围:1. 个人的身份认同——确保在不同时期仍是同一个人的条件;2. 人格的身份认同——保证不同时期的同一个人构成同一人格的条件;3. 个人的身份识别——此人在长期条件下视为与其一体的东西。心理学家(如埃里克·埃里克森①)在描述青少年的身份认同危机时,通常提及第三个自我认同的概念。

一个人的自我鉴定主要涉及人格的身份认同和个人的身份识别。我在本书第三章中讨论过人格的内部完整性的概念——即诚信。我强调了忠实于自己的原则和理想以及赋予自己生活的价值的特征。我曾主张,一个社会如果破坏其成员的诚信便不是一个体面社会。这里我要加上另一个重要的诚信意识,即忠实于你的自我鉴定的诚信意识,它旨在确保你的生活经历在你的个人身份认同之外具有一贯性,自我鉴定是保证你的生活经历即使发生深刻变化而你也能保持一贯的方法。换言之,即使在你的生活中存在着不一贯(如昨天是托洛茨基分子,今天是保守党人),你的生活经历也会使这种不一贯成为一个整体。

在一个人的自我鉴定中,不同成分具有不同的重要性。我的

---

① 埃里克·埃里克森(Erik Erikson),德国籍美国心理学家,他认为人们是通过克服一系列的个人危机而获得成熟的精神性品质,他的著作包括《儿童与社会》(1950年)。

观点是，从属特征具有特别的重要性。当一个社会以剥夺资格的方式来拒绝合法的从属特征，便因此剥夺了所有通过这些特征来认同自己的人的资格。它不承认一个人对自己的身份认同。在下一节中，我将讨论一种观点，即从属于某一群体在一个人的个人身份认同和一个人的人格的身份认同起着非常重要甚至是关键的作用。属于此类群体，也决定着这个人表达其人格（及他自己其他特征）的方式。使人因属于这样一个群体（或几个群体）而蒙受耻辱，可以被视为对其人性的排斥，而不仅只是对他们属于某个特定群体的排斥。由此看来，使人为其道德上合法的从属蒙受耻辱就构成羞辱。对此，我在下面将加以详细论述。

到目前为止，耻辱社会和体面社会之间的关系都是从受害者的角度来审视的，但是，耻辱和羞辱之间的关系可能还需要从羞辱者的角度来观察。我在这里提出的观点是：体面社会是一种没有丢失它的耻感的社会，它是一种能使其成员为羞辱和虐待行为蒙受耻辱的社会。

把人排除出从属群体方式的羞辱

我曾把羞辱的特征描述为排除出人类或者从感情上而言排除出"人类大家庭"。这一观点存在着一个难点，即如果我们想把这一特征用政治和社会术语来论述时，会给人以太抽象因此不实用的印象。毕竟，在我们的社会中，什么才能被视为排除出人类共同体？似乎只有借助集中营、劳改营甚至灭绝营这种社会的极端情况才能说明这种羞辱概念。在此类情况中，令人恐惧的羞辱显而易见，很容易理解什么叫排除出人类。但是，在这些"营"的各种令人可怕的环境中，面对肉体上的残酷，羞辱问题似乎处于次要地位。生存比尊严更为重要，当生命本身处于危险之中时，自尊似乎是一种奢侈。

第八章 排斥

然而，这些集中营中的有些幸存者坚持认为，他们在那里受到的羞辱是他们的磨难中最为可怕的部分。但他们的观点似乎不具有完全的代表性，其原因只有一个，因为他们活了下来。而且，这些能够写出那个地狱的回忆录的人，很可能也是对羞辱的痛楚最为敏感的人。即是说，完全有理由假定在回忆录的作者和即使在严重的肉体折磨的条件下仍对象征性动作敏感的人之间存在着一个正相关的关系。我很看重这一点，因为我们想用这些能够撰写回忆录的人的例子夸大理想和社会价值的重要性。这些人通常特别注重价值和理想，而不写回忆录的人对这些的重视程度不如他们，因此便会出现这样的情况：不写回忆录的人是压倒性的多数。此类数量不等的明显例子就是他们对自由的注重，特别是言论自由。言论自由对写回忆录的人来说是最为重要的，但不写回忆录的人可能更偏爱时间自由。

但是，羞辱（包括组织的羞辱）非常普遍，所以没有必要去寻找充满暴力的监狱就可以发现它的存在，更不必说历史久远的劳改营。然而，羞辱的日常实例通常不构成能够直接描述为把人排除出人类的行为和态度。在一般的社会中，更为通常的是一种居于两者之间的排除，表现为把一个人排除出他所属的、决定此人作为人来塑造其生活的方法的群体。在我们前面关于使其成员为其自我鉴定的特征（如国籍、宗教、种族，等等）感到耻辱的社会的讨论中，这个问题就出现过。体面社会不会使用其组织把这些人排除出其从属的合法的环境群体。即是说，它不排除群体并且不排除属于这些群体的任何人。在我解释环境群体概念之前，需要介绍一下这一概念所用于的观点，即羞辱是对合法的环境群体的排除。羞辱的这一定义使这个概念更为具体、更适用于我们所熟悉的社会。我们不再需要到集中营或监狱去寻找羞辱的证据，羞辱就在眼前。

我们现在必须要回答的问题是：什么是环境群体？环境群体的概念与把人排除出人类的羞辱概念之间存在什么联系？

环境群体概念一词出现在我和约瑟夫·拉茨①合写的一篇论文中。[27] 在本书中，它用于一个不同但存在着关联的目的。在我们的论文中，拉茨和我把环境群体这一概念定义如下：

1. 一个环境群体具有一个能够包容生活中许多重要的、有变化的方面的共同特点与共同文化。共同文化决定着其成员的生活方式、行为方式、信仰和关系。在环境群体就是一个民族的情况下，我们可以看到必然会存在一个民族的饮食、一种特殊的建筑风格、一种共同的语言、一套文字传统、民族音乐、风俗、服装、礼仪、纪念日、节日，等等。所有这些都不是法定的，但它们却构成一个群体，成为环境群体的突出特征。因此，环境群体是一个其文化突出、包容生活的许多方面并且涵盖其成员生活的多个重要的、不断变化的领域（特别是对属于这一文化的人民的福利非常重要的领域）的群体。

2. 与第一类特征相联系的一个特点是在该群体中成长的人民获得群体的文化并拥有群体的特质。他们的情趣明显受到社会的文化影响，他们的选择也是如此。例如，可以得到的职业类型、他们的休闲活动、表明他们与其他民族的关系（既是朋友又是另类）的习俗和服装，以及他们夫妻之间和其他成员之间的期望模式，所有这些都打着该群体中显著的生活方式的烙污。

3. 群体的成员资格部分属于互相承认的性质。如果被群体的其他成员认定为属于该群体，这些人就被典型地视为群体成员；其他条件如出身、所从属的文化等通常被视为这种身份识别的理由。环境群体的结构并不正规，没有明确的成员资格规则，成员资格通常通过其他成员非正式承认来获得。

4. 第三类特征——即群体的成员资格——可以证明群体的成员资格对于从属该群体的人的自我认同非常重要。在一个环境群体中，成员资格与其成员对从属该群体的认同捆绑在一起。因

---

① 约瑟夫·拉茨（Joseph Raz），英国牛津大学法哲学教授。

此，从属该群体就是一种人们向他人介绍自己的公认的方法。在范围更大的社会中，环境群体的存在更为显著。从属该群体是其成员自我理解的一个重要事实，但对于其成员来说，能够与非群体成员讨论他们的群体从属关系以获得他们的理解和同情也非常重要。

5. 群体的成员资格来自从属而不是成就。一个人不需要通过证明自己或具有哪方面的擅长才能被接受为一个环境群体的全权成员。虽然从属关系主要指一个人被他人承认为该群体的成员，但这种承认却不以成就为依据。成为该群体的一个杰出成员也许是一个成就问题，而仅是属于该群体便不涉及成就。做一名好的爱尔兰人如上所述是一个成就问题；而是一名爱尔兰人就只是一个从属问题。

认定从属的标准通常不是选择的结果。从属某个环境群体不是人们决定的，他们的本身就是从属的原因。群体的成员资格建立在从属而不是成就之上，这是身份识别的一个焦点，因为一个人的群体成员资格本身不会像在基于成就的群体中那样出现危机。

6. 环境群体不是一些小的面对面的群体，其成员相互之间都熟悉。环境群体是一些成员之间互相不知道姓名或不认识的群体，因此它必须具有一整套使其成员能够识别敌我的象征——仪式、礼节和其他重要活动及其附属物。

环境群体的上述六个特征之间相互不存在附属关系，但它们趋向于聚合在一起，而且在我们这个世界中，每个人都从属一个环境群体而且通常不仅仅属于一个群体：如有的人国籍是尼日利亚，部落是伊博人，宗教是英国国教。

在一个特定的社会中，针对某些环境群体的贬损、仇视、压迫和歧视的现象经常是伤害、羞辱、有损人格、道德贬低和辱骂的源泉，也是从属这些群体的人民感到受伤害和通过其自我认同的理由。伤害一个环境群体肯定会降低其成员的自我形象，即使从属这一群体与成就无关也是这种情况。这种自我形象的降低，其重要原因之一就是群体成员的得自他人的荣耀（来自他们群体中成功的成员的成就）的意识被剥夺了。然而，我们所感兴趣的是对自尊的损害而非对自豪的伤害。

羞辱是对某个环境群体的排斥，或者把某个有从属该群体的合法权利的人排除出该群体。宗教群体、少数民族群体、社会阶级等都有可能被整个社会以不同方式和不同程度（从嘲笑到完全禁止，一直到对参加该群体的人予以严厉惩罚）强行排除出社会。体面社会就是一个不排斥道德合法的环境群体的社会，对"黑社会"予以限制的理由非常明显，"黑社会"可能完全具备环境群体的条件，我们很容易想到这种情况，即从属黑社会对其成员来说是一种身份识别与身份认同的缘由，包括在"黑社会"中没有任何"成就"的人，他们只是犯罪者身边的人。体面社会不仅有权利而且有义务把黑社会从环境群体的类别中排除出去。

然而，如何对待同性恋群体呢？对其成员而言它也是一个环境群体。一个社会如果强制同性恋群体只能"待在小屋里"是否仍能被视为体面社会？问题不在于它是否允许同性恋作为一种秘密社会（"同性恋国际"，一种毛里斯·巴瓦拉的诙谐的绰号）私下活动，而是我们应当如何评论一个禁止其人民从属同性恋群体这个带有明显从属关系的环境群体的社会。

体面社会并不一定是一个高尚社会（respectable society），但它不得限制组织有性别歧视的环境群体。体面社会可以禁止性行为的不道德方面，如对未成年人的性剥削。一个社会如果限制未成年人参加作为环境群体的同性恋群体，仍可以被视为是体面社会；但是，从表面上看，阻止在自愿的成年人中组织有性别歧视的环境群体则是羞辱人。

环境群体的功能还可以以另一种方式来表现，如当状语使用，即把从属于一个环境群体作为修饰人的行为和生活方式的副词。从属一个环境群体，如作为爱尔兰人，就意味着按照爱尔兰人的方式做某些事情；作为天主教信徒，要以天主教的方式来做某些事；作为无产者就必须生活在社会的最下层……一个人可以同时选择几种生活方式，如按照爱尔兰人、天主教教徒和无产者的方式来生活。

  人可以不从属任何一个环境群体吗？在这方面，绘画艺术中的流派具有很有意思的相似性。有些人绘画没有任何风格，他们仅仅是画家。折中主义艺术家这个名称很恰当，但艺术家却通常依照其艺术生涯不同时期中的绘画技法而被人们所认识：如有人被称为抽象派艺术家，有人被称为象征派艺术家，有人被称为抒情派艺术家，有人被称为野兽派艺术家，还有人被称为抒情抽象派艺术家和抒情野兽派艺术家，还有其他的各种流派的组合派。所有这些，都是当一名艺术家的方式。以此类推，做人也有不同的方式，表现一个人的人性也有不同的方式，这就是"文如其人"这句话的深刻含义。然而，正如有许多折中主义艺术家一样，也有许多世界主义的人，他们不属于任何一个环境群体。

  不同的环境群体反映不同的做人方式。用羞辱的手段把人排除出人类，就表示拒绝他作为人。正是这一事实构成了把人排除出人类方式的羞辱这一抽象概念。

  在环境群体的层面上，我们不仅可以发现表现为把人排除出整个群体的形式的羞辱，还可以找到表现为无视该群体的形式的羞辱，即使这种无视是一种善意的疏忽（benign neglect）。因此，我们必须把无视一个人也算作把人排除出人类。本书第三部分的主要内容就是研究通过把人排除出他们从属的环境群体来把人排除出人类的具体方法。

对尊重的合理性解释和羞辱要素

  我在本书第三章和第四章中讨论了以下三类把人作为人来尊

重的合理性解释：第一，正面的合理性解释，建立在人的悔改能力之上的。第二，怀疑论的合理性解释，以人不具有任何能够解释尊重人的合理性的特质的观点为依据，但有着一种对人的尊重态度，根据它可以（怀疑地）解释尊重人的合理性。第三，反面的合理性解释，即无法解释尊重人的合理性，只能解释不羞辱人的合理性，论据是羞辱，是只指向人的残忍，而任何一种残忍都是不道德的。

与此同时，我将在本书第六章讨论构成羞辱的三个要素，或者说是（如果你可以接受）"羞辱"的三个含义。其一，把人当作牲畜、机器或劣等人而不当作人对待；其二，暗示或导致他人失去基本自决能力的行为；其三，把人排除出"人类大家庭"。

本书将讨论尊重人和不羞辱人的合理性解释与羞辱的三个要素之间的某些关系。我们还将描述羞辱的三种含义之间的联系。

在基于悔改能力的合理性解释与使人失去基本自决能力的羞辱概念两者之间，存在一种介质因素，即人的自由的概念。悔改能力与萨特的自由观相关联，他的自由观认为人（如果他想）能以一种脱胎换骨的方式彻底改变自己。确切地讲，人如果想就能表现不一样，这一概念除了需要人具有意愿和能力外，还需要机会。一个在押囚犯过上等公民生活的机会甚为微渺，尊重囚犯并不代表释放他们出狱、向他们提供过上等公民生活的机会。他们应得到的尊重建立在他们可以悔改的前提之上，也许他们可以用语言和行动来证明他们有能力改变他们的生活现状并且也愿意这样做，但是否向他们提供这样的机会则完全是另一个问题。

自由的概念因此成为一个向量概念，它是两个单个向量——能力和意愿——的合矢量。自由的两个学术概念，即改变生活的自由（当一种行为与行为人的愿望相符时就是自由的）和无视的自由（一种行为如果可以用其他方式完成就是自由的），由于它们都需要能力和意愿，因此是一个相辅相成的自由概念。但它们各有各自的侧重点，前者强调意愿，后者注重能力。

尽管悔改的概念被表达为彻底改变一个人的生活的能力，但焦点实际上更偏重于意愿而不是能力。即是说，焦点在于一个人经过重新评价其过去的生活、将其视为是不道德后想以完全不同的方式继续生活的意愿。相反，自决的概念以及与此相平行的涉及羞辱的失去基本自决能力的概念则与能力自由的概念相关。因失去行动能力而失去基本自决能力，其典型例子就是被捆绑、被拘禁和被药品所麻醉。在我们现在的语境下，失去基本自决能力主要涉及伊塞亚·伯林①所指的对自由的限制，即对一个人行动能力的极端的外部干预。在这里，我们不讨论对含糊不清的正面的自由概念（以自我实现为目的来决定自己生活方式的自由）中的自决的伤害。[28]

以上三种羞辱概念（把人当作非人对待、把人排除出群体以及使人失去基本自决能力），就是羞辱这个词的三种不同的含义。三种含义并非三种意思，从非技术意义上讲，如果一个词的不同用法共同拥有一个重要的内涵时，则这个词可以被称为有不同的含义。不同的含义在字典中可以在同一个条目下查找，而它的不同词义则应在不同的词条下查找，但要取决于这些词义是否相互排斥。

鉴于此，我们在这里所讨论的三种羞辱概念不是三种相互独立的意义，而只是属于互相之间密切关联的三种不同的含义。联系尤其紧密的是把人排除出群体和把人当作非人对待这两种羞辱的含义，这两种羞辱的侧重点有所不同，但含义上存在许多共同之处。因此，当我谈到羞辱的不同概念，应当始终被理解为我指的是羞辱这个词的不同含义而不是它的不同的词义。

各种含义的羞辱与尊重人的反面的合理性解释之间的联系特

---

① 伊塞亚·伯林（Isaiah Berlin, 1909—1997），哲学家、思想家，亦为二十世纪自由主义大师级人物之一。

别紧密,因为反面的合理性解释涉及禁止一种仅指向人的残忍的羞辱。把一个生灵捆绑起来以剥夺他的自决能力也显然是对动物残忍的表现,但作为一种羞辱人的方式,剥夺其自决能力,其独特性在于不仅仅是人身限制的残忍,而且也成为一种表示受害者服从于他人的权威或控制的象征。

所以,残酷是尊重人的反面的合理性解释和羞辱的各要素之间的媒介概念。但残酷与羞辱之间的关系并不简单。作为一种不羞辱人的社会,体面社会不只是"首先要避免残酷"这条原则的一个特殊情况。[29]残酷与羞辱之间的复杂性可以用下面这个关于北美洲土著部落的故事来说明。据说这些部落通常折磨他们所尊敬的敌人的方式比折磨他们所蔑视的敌人更为残酷,其理由是他们想让他们所尊重的敌人在残酷的折磨面前显示自己的毅力和克制力,从而使他们死得壮烈;而对于他们所蔑视的敌人,他们从不给予这种机会,其原因部分在于他们认为这些可鄙的生灵做不到像英雄一样死去。

我不敢肯定这个故事的历史真实性,但只要我们能理解这个故事,就证明了残酷和羞辱之间关系的复杂性。在这个故事中,肉体的残酷(残酷的原意)实际上成为一种尊重的表示,而对敌人不残酷则是一种羞辱行为。

我因此而认为应当把部落社会和体面社会区别开来。有约束的社会避免肉体残酷,如它不会使用体罚或者甚至苦力劳动,但它不能避免对其成员的组织性羞辱,所以它不是一个体面社会。

这几种不同类型的社会是按照词典编纂的顺序排列的吗?即有节制的社会排在体面社会之前,而体面社会又排序在正义社会之前。换言之,我们必须按照朱迪斯·史克拉尔的"首先要避免残酷的原则"先建立一个有节制的社会,然后才去防止羞辱吗?我们应该避免对不同类型的社会确定一个优先秩序吗?

有节制的社会和体面社会之间的关系(我们在这里必须牢记,我们所讨论的都是纯正的有节制的社会和体面)与我们对殖民制度的态度密切相关。我们往往过多地局限于它的肉体残酷而没有对殖民制度所取代的那些政治制度给予足够的关注。尽管如此，殖民制度往往比当地的暴君更羞辱人，更会把其成员排除出人类。因为当地暴君把所统治的民族或所统治的部落成员视为其臣民，并视为与其一样的人类。如果"首先要避免残酷的原则"是指只有先根除肉体残忍然后才能根除精神残酷，那么事情就复杂了，我们会遇到在避免肉体残酷的羞辱人的殖民制度和肉体残忍但不羞辱人的当地暴君之间做出选择的两难。我们所面临的这种两难也许可以证明，我们不得不在两个魔鬼之间做出选择，而且毫无疑问，我们很难确定哪一个更好一些。

在其他所有事情都相等的条件下（但不是上述例子中的两种政治制度的情况），彻底根除肉体残酷才是第一要务。于是，我排列出一个编目词典的优先次序，把有节制的社会放在首位，体面社会次之，正义社会最后。这个次序是累进的，即体面社会必须是有节制的社会，正义社会必须也是体面社会。体面社会和正义社会之间的关系将在本书的结论部分进行论述。

我已经注意到了羞辱和对尊重的怀疑论的合理性解释之间的紧张关系，紧张的焦点集中在羞辱的两种含义上，一是把人当作非人对待的羞辱的含义，一是把人排除出人类大家庭的羞辱的含义。倘若人受到其中一种羞辱，那么，尊重人的态度怎能作为一个基本的假定条件呢？我曾经解释过，怀疑论的合理性解释的基础并非现在已经存在一个把人当作人来尊重的事实，而是所有人都应当受到尊重这一概念。实际上，尊重人这一背景概念的存在，是通过羞辱的这两种含义才得以证实的，因为没有这一概念就不可能有羞辱，至少不可能有作为一种故意行为的羞辱。为了在概念上可以将把人排除出人类大家庭视为一种羞辱行为，就必须有人应受到基本尊重这样一个背景假定条件，羞辱是这一背景假定条件的衍生物。羞辱是一个参照概念，它的参照物是尊重人的概念，如果没有人的尊严概念便没有羞辱的概念。

第九章 公民身份

　　由于体面社会涉及对人的尊重，而且羞辱任何人都是不道德的，因此在同一个社会中，社会成员和非社会成员之间不应当有所区别。正是出于这个原因，我不把体面社会定义为不羞辱其成员的社会，而是将此概念涉及的对象拓展到包括其管辖范围内的所有人。

　　管辖的概念需要明确，在殖民主义者当政时期，荷兰社会，作为在荷兰只包括其公民的组织，是一个体面社会，或者可以称其基本上是一个体面社会。然而，对于它在印度尼西亚统治的人民而言，它就称不上是一个体面社会。因此，从整体上便不能认为荷兰是一个体面社会。认定体面社会不仅要看它的组织如何对待其本国公民，还要看它如何对待殖民地的人民。

　　如果一个社会就是一个环境群体，我们便可以了解这个社会是如何对待其成员的，这个问题比上一个问题的范围要窄一些，上一个问题既包括社会成员，也包括非社会成员。现在的问题是从属该社会意味着什么？这种从属如何反映在该社会的组织对待其成员的方式中？认定一个社会是否为体面社会时，一个非常重要的问题是它是否拒绝接受应当从属它的人的成员资格。这个问题不能仅限于，甚至不能主要地限于社会是否对其正式接收，还必须从"从属"这个更宽的概念上来关注。

第九章 公民身份

民族国家是讨论体面社会问题的自然范围。从整体上看，一个民族国家对其公民起着界定群体的作用，我把讨论限定在民族国家的概念之内，并不是限定它的普遍性，我们正在讨论的原则完全可以延伸到不构成民族国家的社会架构。

我的第一个观点是：体面社会不应伤害从属它的人民的公民荣誉。更为大家所熟悉的提法是：在体面社会中没有二等公民。在古罗马时期，公民享受着特别的公共特权，例如在议会中投票、服兵役、执掌公共机构的权利以及控告他人和对指控进行辩护的法律权利。古罗马还存在着个人权利，如结婚和经商的权利，但在公权和私权之间有着严格的划分。一段时期内，罗马人向他们已经征服的拉丁民族提供不享有公共权利的公民资格。其实，罗马与意大利境内各邻邦之间的几次战争都是围绕着外国人所享有的公民权利的范围进行的。罗马的二等公民资格的概念就是没有投票权的公民资格。

我之所以提及古罗马的二等公民资格，是因为它可以说明下面这个重要的事实：二等公民资格不仅涉及剥夺人的基本资源、不愿意分享权威，而且还涉及一个理念，即二等公民从本质上讲不是完整的人，换言之，他们不能成为可以负责任的成人。从这个意义而论，二等公民不仅被拒绝全面加入社会，也被拒绝全面加入"成人社会"。现代民主启蒙时期兴起的妇女解放运动在某种程度上涉及同样的问题，即它是一种反对把妇女视为不完整的人的思想的斗争。

公民资格典型地涉及成员的地位和权利。有两种形式的二等公民：一是拒绝给予某个公民全部公民权利，一是拒绝给予某个具备资格的公民应有的公民资格。

第一类二等公民资格并不总是正式地否定人的权利。有些时候表现为对行使这些权利的歧视，即已承认的权利不能兑现，而且这种歧视成为一种制度。二等公民资格还可以涉及不把某些权利（比如给予其他公民的权利）给予某个公民。

第二类二等公民资格实际地拒绝给予在道义上从属某个国家的个人在该国的正式公民资格，而给予这些个人一种有区别的、较低的公民地位，如永久居民。从想作为公民加入这个社会的人的角度看，这是一种次等公民地位，尽管那些仅在这个国家避难并无意成为公民的人并不一定这样认为。

巴勒斯坦阿拉伯人认为，他们在科威特是二等公民。以色列阿拉伯人认为，他们在以色列是二等公民，但这是两种不同的看法。科威特的问题是出生在科威特并终身在科威特生活、工作的巴勒斯坦人被拒绝赋予科威特的公民资格，即使他们具备这种资格。相反，以色列阿拉伯人却有完全的以色列公民资格，但有些公民权利他们不能享有，有些权利也不适用于他们。以色列阿拉伯人的例子非常有意思，大多数以色列人不把以色列视为他们自我认定所需的环境群体，而且在那些从属这一环境群体的人当中，部分人甚至觉得很不自在。尽管如此，他们仍执着追求平等的公民权利，这不仅是一种对公平地分配给公民的所有物品和服务（如政府住房补贴）的要求，而且还说明，拒绝他们享受这些产品和服务的事实，即使发生在一个他们并不认同的社会，也应被视为一种羞辱，而不只是一种不公正。

物品和服务分配上的歧视是羞辱的一种形式，即便被歧视的人认为自己不属于这个歧视他们的社会。他们也许从理论上（例如从领到护照上讲）把自己视为社会成员，但这种成员资格并不是他们自我认定的构成要素。即使这样，被拒绝享有公民权利，也就是被羞辱。羞辱是从"你不愿意歧视者把自己作为歧视对象"的想法中产生的。你可能不想成为他们的社会的一个成员，但你不愿意他们认为你没资格从属这个社会。我相信许多以色列阿拉伯人都是这样感受的。

那些享有特权（即并不给予所有人的权利）的人的情况如何呢？例如，在中国生育第二胎的权利某些少数民族才能获得，大多数人无法获得。这种特权却不被视为一种羞辱，原因是这种特权受到大多数人的嫉妒。

其实，我们能够想象到一种文化，在这种文化氛围中，主流观点是合适的家庭规模以两个孩子为宜，孩子多了会使家庭变成"动物园"。在一个具有这种文化的社会里，对少数人生育两个以上的孩子的行为不禁止，会被理解为把孩子当作动物来养活。狗在光天化日之下随地大小便的"特权"并不是一种拒绝给予人类的特权。

于是，连那些不希望但却具备资格成为某个环境群体成员的人也认为，被排除出这个环境群体就是一种被羞辱。不仅如此，虽然可以获得的分配是一种负担，如在以色列军队服兵役，那些被排除的人（以色列阿拉伯人）会得到安慰，但是不把他们包括在内（指服兵役）却不一定会使他们感到高兴。我要提出的观点是，在公民权利方面的歧视问题不仅仅属于一个分配的正义问题，还是一个羞辱问题。二等公民资格，无论以什么形式出现，都不仅是一种排除，而且事关羞辱。在体面社会中，公民资格必须是人人平等的，这样才不是羞辱人的。二等公民资格带来的感觉不只是做一名二等公民的感觉，还有一种"二等人"的感觉。

亚里士多德认为，人的定义特质是政治动物。他认为，我们越是揭掉人的政治特征，人就越是动物，即越被排除出人类共同体。按照亚里士多德的观点，剥去人的政治特征，就相当于阻止他成为一名公民——一个政治生活的主动参与者。一个好的公民不一定是个好人，但一个人如果不是公民，从亚里士多德的观点看，他就不是一个完全具有人的资格的人——他被剥夺了基本的人的特质。我不认为一个政治生物是成人的定义特质，但我赞同亚里士多德的观点，即二等公民（无论是被剥夺公民资格还是遭受公民权利方面的制度性歧视）属于把人排除出完全具有人的资格的族类（不仅是某个特定社会的公民）。

体面社会应当是一个没有二等公民并且践行人人平等的公民概念的社会，有人也许会反驳说，坚持这一标准毫无意义。儿童是公民,但即使在非常关注儿童权利的民主国家,也没有人主张儿童应当拥有选举权或者社会机构的被选举权。在绝大多数国家,囚徒也被剥夺了公民权利,如议会选举的投票权,但从表面看这不能成为不承认它是体面社会的理由。因此,说一个国家有二等公民存在就不能被视为体面社会,未免太绝对。

反对二等公民的观点是基于人的尊严的考虑,这种观点认为:二等公民资格可以被理解为把一个人或一个群体玷污为没有完全资格的人类。一种解释是作为非成年人,这意味着他们没有能力对他们的公共生活负责。但是将儿童划分进非成年人的定义范围内并不构成羞辱,因为他们最终会成年。把成年人当作孩子是一种以恩人自居的态度,把一个成年人当作终身儿童就是一种羞辱。如果一个母亲不会接受她的女儿已经成年而始终把她当作儿童来对待,这是母亲在羞辱女儿吗?对,也不对。对,是因为女儿已经成为一个能对其行为负责的成年人,但母亲仍不接受;不对,理由在于母亲把女儿接受为一个无须赋予资格的家庭成员,而羞辱的主要动机就是排斥(对囚徒的排斥问题将在本书第十六章中讨论)。

对三重的公民身份的拒绝

托马斯·马歇尔①认为,公民身份概念可以分为三个层面,即法律公民身份、政治公民身份和社会公民身份。[30]每一个层面都由一组权利和特权构成其特征。法律公民身份是公民在涉及法律事务方面的全部权利,主要包括与个人地位有关的权利。政治公民身份包括政治权利,如选举权和被选举权。社会公民身份包括公民的社会福利权利,如医疗、教育、就业和社会保险。马歇

---

① 托马斯·H. 马歇尔(Thomas H. Marshall),英国社会学家。

尔认为，这种三重的公民身份也可以用来说明民族国家中的公民身份概念的历史演变。在18世纪，法律公民身份被人们最为看重，萌生出"法律面前，人人平等"的思想；19世纪时，政治公民身份受到重视，提出了"人人都有选举权（one man, one vote）"的口号；到20世纪后，对社会公民身份的诉求位于政治领域的中心。

下面这个观点我们大家都很熟悉，即不完整的公民身份是一种二等公民的身份。一个缺乏经济和社会权力的阶级，其成员即使从法律和政治上讲也都不是完全的公民。他们在法律面前不平等，而且他们被选举的机会很少。公民身份的前两个特征并不能保证在社会中的完全归属。经济上的穷人（特别是"下层阶级"），即便是正式公民，往往也会被以从疏远到敌对的形式来表达对他们政治上的不认同。

下面这个观点我们也很熟悉，即公民身份是一种本质上每个人都可以消费的公共产品。自由市场的激进卫士亚当·斯密认为，应该向工人阶级免费提供（职业）教育，因为这样能够保证他们的子女作为完全的公民加入社会。对他而言，完全的公民是有生产力的公民。

连反对税收的人都相信，必须通过转移支付把二等公民转变为一等公民。社会公民身份是公共产品这一观点已经成为支持福利国家的重要论据。但无论这一观点有多么正确，它也不是我的论据。我对公民身份第三个层面的赞成，其论据是非工具性的。如果社会公民身份包括医疗服务，那么我认为提供医疗服务的合理性解释就不是病人会没有能力主动地加入社会以至于治好他们的病具有普遍的社会意义，而是治好病人的病本身就是一件好事情。我将在本书第十四章中进一步讨论这个问题及其相关问题——即体面社会与福利国家之间的关系。在这里，我愿意对社会公民身份的范围问题稍加赘言，更确切地说，我希望集中讨论一下社会公民身份的象征意义。

象征性公民身份：第四个层面

我提出公民身份概念的第四个层面——象征性公民身份的层面，即共享社会的象征性财富。这种公民身份通常不用权利来定义，而是通过社会内部一个集体的权利被间接地定义。一个少数人的群体将其语言被认可为国家的官方语言的权利就是它的一个例子。

我的观点是，体面社会是一种不剥夺任何公民群体的象征性公民权利的社会。在象征性公民身份的层面上，体面社会没有二等公民。

不剥夺任何公民或群体的国家的象征性特征，这一要求具有深刻意义，它取决于一个人对"排斥"这个词理解的严格程度。对于一个非政教合一的社会而言，把宗教和国家相分离就可以满足这种条件。因此，类似英国这样的国家，可以通过要求国家元首（女王）不担任英国国教的主教来达到这个要求。许多英国公民不是英国国教教徒，赋予国家的核心象征（如女王）一个国教特征，会剥夺这些人社会的这一象征层面，从而把他们变成二等公民。

对于不剥夺任何群体的象征层面这一要求，反对的观点认为，一个社会的象征层面，即国家，其主要用途之一是通过公民对国家的身份认同树立一种忠诚感，这需要一些对人的精神和情感有影响力的召唤性象征。这种象征不能人为地凭借主观意愿来创造，而必须是一个有机的历史进程的产物。在英国的这个例子中，教会与国家之间的联系在历史进程中不断变化着，割断这种联系将会毁灭国家动员人民的权力的象征。丧失象征权力必然导致出现绝大多数英国人不再对王国怀有感情的状况，而这种状况会损伤英国的元气。

第九章 公民身份

为使少数人群体加入而人为地淡化一个国家的象征，会弱化多数人群体对其国家身份认同的能力。如果是这样，象征维度在社会中便毫无意义。属于一个国家与加入一个保险公司不同，保险公司拥有自己的商标和广告语，但商标不是民族的象征，广告语也不是国歌。剥夺公民的民族身份认同的象征维度会付出多大代价？一个把多数人群体凝聚在一起并产生一种对国家的深深的身份认同感的象征，在许多场合下与国家内部的少数人群体直接对立，这一现实使这个问题更加尖锐。有句名言似乎很有道理：民族是一群仇恨其邻居并对他们的种族血统有共同幻想的人的集合。倘若被仇恨的邻居是本国的居民，而且国家象征又直接与他们对立，那么这些象征就会引发重大问题。

所谓某些象征会与少数人群体直接对立，意指这种象征肯定会使少数人群体的成员明显地感觉受到社会的排斥。对于少数人群体而言，它是否构成羞辱或伤害，取决于该象征的力量和意义。然而，作为第一近似值，对社会的象征财富的限制是：它不得包含与某个少数人群体直接对立的象征。一个更棘手的问题是，如果少数人群体不能分享社会财富中的象征（因为它们都是来源于多数人群体的历史和文化），我们该怎么办？在这种情况下，我建议，作为第一近似值，这个问题属于正义社会讨论的范畴，因为正义社会要求正义地分配其财富中的象征，但它不属于体面社会讨论的问题。

体面社会中象征公民身份的原则至少应当是：体面社会不得在组织层面上发展或支持任何明显或不明显地与国家某些公民直接对立的象征。

第十章　文化

体面社会应当是什么样的文化？此问题的答案很明显：它是一种不羞辱其成员的文化。然而，在这个明显的答案背后还存在着一些与该文化相关的问题以及我们为使该文化不羞辱任何人而愿意付出的审美代价。

为了创建一个体面社会，人们也许会探问："文化创造力的精神是否应该受到一个外部规范（比如我们不应该羞辱他人）的限制？"夏洛克①和教唆犯②都是构成羞辱犹太人的文学人物形象，难道这意味着体面社会必须限制《威尼斯商人》和《雾都孤儿》的出版发行吗？我们能要求一个体面社会从正面用一种不羞辱犹太人但强调剧中的夏洛克是一个为捍卫其荣誉而斗争的被羞辱者的方式来解读《威尼斯商人》吗？也许犹太人已经获得了足够的社会信任，因此这些作品对他们来说不再具有羞辱性。然而，那些在文化中被用羞辱方式来描绘的弱势少数人群体，应如何看待呢？

体面社会的文化必须是不羞辱人的文化，这是一个明确的否定命题。体面社会没有义务正面地突出任何人，即使他们是弱势

---

① 夏洛克（Shylock），莎士比亚戏剧《威尼斯商人》中冷酷无情的高利贷者。
② 教唆犯（Fagin），源自狄更斯小说《雾都孤儿》，尤指教唆儿童少年犯罪者。

第十章 文化

群体或弱势个人。换言之，体面社会的文化不需要突出宣传"进步力量"和弱势群体的"社会主义现实主义"。

但是，问题尚未解决，我们是否要接受一种审美学创造力之外的规范（例如严禁羞辱）才能确保我们的文化能够具备体面社会文化的条件？抑或我们更应当保护文化创造力不受任何外部干预而限制创造自由？我无意了解哪种文化有资格被视为体面社会的文化，只是想问一下是否有必要对艺术施加一个外部规范，或者是否有这个愿望。外部规范是非艺术的规范。如果我们想对高雅艺术提出某些限制以防止羞辱，则我们肯定能够对体面社会中较低形式的艺术也提出此类要求。因为对此类艺术提出这些要求不会对艺术造成严重损失。

否认不羞辱人的要求是对艺术作品的一种外部规范，可能是对我们这个问题的一个回答。羞辱人的艺术不是完美的艺术，完美的艺术不会为感到被羞辱提供充足的理由。艺术是否完美不能以是否羞辱人来判定，但这不意味着羞辱人不会减损它的审美价值。没有羞辱人的内容，它会更加完美。这种观点值得研究，但我不想把讨论引向审美及其与道德评价的关系等问题上。在我们这个讨论中，我假定不羞辱人是评价艺术作品的一个外部标准。显而易见，我们必须把以羞辱和堕落为题材的文艺作品与羞辱人的作品区别开来。前一种艺术作品（如得萨德男爵①的作品）即使津津有味地描写羞辱都不是羞辱人的作品，得萨德男爵的作品一点也不羞辱我们。在反教权的读物中，它们甚至可以提升和净化我们的灵魂。

适用于体面社会的艺术的规范提出，在体面社会中创作或流行的艺术作品不得为感到被羞辱提供充足的理由。有人反对说，高雅艺术甚至可以解释羞辱的合理性。其实这是错误的。羞辱人的艺术作品是好作品，这种观点充其量只能作为对作品进行道德

---

① 得萨德男爵（Marquis de Sade，1740—1814），法国小说、戏剧家。

评断时可引用的一个可减刑情节，它缓和了我们对作品的态度，但它无法废除不羞辱这一规范。一个社会，如果其艺术作品，无论好坏，犯有系统地羞辱个人或群体的罪过，就不是一个文明社会。当这种艺术上的羞辱得到组织的支持（如享受补贴）时，它所在的社会便不是体面社会。

到目前为止，我们一直把体面社会的文化性质问题限定在对这种社会的高雅文化予以限制这个更特定的问题上。"文化"一词经常取其"高雅文化"的含义，它的反面是"没文化"或是"庸俗文化"。我不想把文化的概念限制在高雅层面上，但我也反对在通俗层面上使高雅文化的概念模糊不清。这种模糊是因某种观点造成的，这种观点认为，高雅与通俗文化之间的对立是阶级冲突而不是文化的撞击。在平民主义者的观点中，这两种文化之间并无优劣之分，只反映"阶级的"偏好。文化概念则是一个存在争议的概念，我在这里没有必要参与围绕它的争论。

首先，我们必须把文化组织和文化内容加以区别。文化组织包括教育组织（如学校）、传媒（报纸和电视等）、出版社、历史档案馆、博物馆、电影院、剧院等，文化内容包括在社会和管理这些内容的组织中被创作、保存、传播、审查、遗忘和记住的内容。

因此，体面社会文化的基本问题必须一分为二：一是体面社会的文化内容是什么？对文化内容应当采取什么限制才能使其与体面社会相适应？另一个则是对体面社会的文化组织应当有什么限制？这两个问题之间有一个紧密的关联，如果在体面社会中，戏剧不会是羞辱人的（这涉及文化内容），那么涉及组织的问题便是：这些组织是否应当削减给予上演羞辱人戏剧的剧院的补贴，例如法斯宾德[①]的《派特·万肯特的血泪史》，该剧被德国的犹太人视为羞辱人。

[①] 法斯宾德（Fassbinder，1946—1982），德国电影制作人。

第十章 文化

　　文化内容和文化组织之间的区别会因为扭曲文化概念而受到挑战。文化不是一个内容问题，而是表现形式和可能性的问题。文化是语言概念的拓展，它包括了能供某个社会自我表现的一整套象征和符号。正如语言的特征不是由其内容规定的一样（语言不是由它说的什么而是由它能表达什么来体现特征），文化作为象征和符号体系并且具有组合这些象征和符号的可能性，其特征也不是由其内容规定的。文化是符号性的，即包括一整套符号和象征的语言概念的拓展。

　　我认为，正式的文化表征是空的，因为自然语言的本身基本上可以说明任何事情或者几乎所有事情。我们应当把它的实际使用的方式而不是它所具有的基本表达潜能作为象征。犹太人社会曾有过特定的表达方式，用来表达犹太人与非犹太人之间的区别，甚至是希腊人与野蛮之间的对立。然而，前一种区别是现有即得的，而且在犹太人的讲话中经常使用；而后一种区别在其中没有任何体现。因此，我们所感兴趣的不是一种文化的符号体系能代表什么的问题，而是它实际地代表什么，特别是人（不论是作为个体还是群体）是如何被代表的。在英国的英语中，存在着许多与荷兰人有关的下流俗言，如"Dutch comfort"（原意为聊以自慰的宽解），意指"否则事情会更糟"；"Dutch courage"，意指酒后之勇；"Dutch widow"，意指娼妓。还有许多其他表达方式，都明显源于英国和荷兰之间海军及贸易敌对的时期。我们可以断定，这些表达方式不会影响英国人今日对荷兰人的看法，然而，这种表达方式也许会被用来影响一个人认识另一个人的形象。不管怎样，当我们讨论能定义集体表象的象征时，均指现在继续起作用的象征。这类象征或许会是一些陈旧的定式（我们思维的"痉挛"），但仍然具有现实作用。

　　我们关心集体表象，这种表象主要包括社会成员共享其概念和情感意义的象征，它还能有力地促进对该群体的身份认同。集体表象的重要作用是由其他社会群体（其中一些群体就存在于同一个社会中）的成见来体现的。成见不只是一个人的群体简化、示意性的表象。每一种分类或一般化的形式都是简化的、示意性的，因为简化和示意是一种认识必要。成见是一种特殊的分类，它夸大一个群体的负面特征，能把取决于文化和历史的特征变成与生俱来不可改变的特质。正是由于这个原因，成见思维方式与种族主义思想正好对接。种族主义把天赋和永久性归结于后天的、暂时的和不受欢迎的特质。作为一种集体表象，成见是错误的，这并不是因为它们的示意性简化和对个人之间差别的无视，而是过于注重不受欢迎的特质并使其变成了天赋。

　　黑人的懒惰、意大利人的易冲动、美国人的鬼鬼祟祟、犹太人的排外性格、土耳其人的残忍、日耳曼人的刻板，所有的这些都是负面的特质，把这些特质赋予这些群体自然就是侮辱，但这也算作是羞辱吗？

　　确切而言，不是所有成见都建立在负面的特质之上，许多成见也基于正面的特质，如黑人的节奏感、意大利人的热情、美国人的机灵、犹太人的家族意识、土耳其人的勇敢和德国人的效率。我在这里所使用的成见只是指负面的成见，而且我的问题是它们是否羞辱人。

　　似乎应当区别人的标记和社会标记。人的标记主要指生理特征，而且人的标记使标记携带者在某种意义上被排除出人类；社会标记则涉及一个使其标记携带者在某种意义上被排除出某个社会的问题。但这两种标记实际上涉及除了排斥他们的社会之外没有其他社会的人，如意大利的西西里岛人、法国的科西嘉岛人以及在许多国家生活的吉普赛人，他们都是身份认同依附于排斥他们的社会而且没有选择其他社会的能力的人。对于此类被其社会排斥（包括被看作是二等公民）的人来说，就相当于被排除出人类。社会标记或定式是否羞辱人或仅仅是侮辱人，不能仅借由集体表象中所体现的无礼的特质的性质来判断。关键在于这种污名的社会后果，这是无法预测的。

主流文化中的体面

迄今为止，我一直在使用集体表象的概念来表示社会成员共同持有的表象，但这一概念需要回避。文化中羞辱人的表象问题与社会中的主流文化沉浮相伴，因为只有主流文化才有能力从社会整体上接收和排斥人。主流文化的概念包括两层含义：其一，社会中占据统治地位的群体文化是有权决定谁从属该社会和谁不从属该社会的文化。在这一条件之下，社会中还会存在有其他的群体文化，它们与主流文化共同存在，但其重要性要低一些甚至于根本不受人的重视。其二，有一种适用于全社会的文化，这个文化由占社会统治地位的群体决定，并受到该群体的控制。本书所使用的集体表象概念涉及第二层含义的文化，即占社会统治地位的群体决定并控制的主流文化。

我认为，一个社会只有当它的主流文化不包含社会组织主动并有系统地使用羞辱人的集体表象时，才是一个体面社会。

随即带来一个问题：如果体面社会的文化需要限制羞辱人的集体表象，会使得体面社会转化为一个不让其社会成员诅咒他人的清教徒社会、一种其心灵的纯洁与"嘴巴干净"相结合的社会吗？归根结底，这种清教徒主义的当今世俗翻版是政治感化运动，此类运动只允许非侮辱性的政治感化表达方法。

对羞辱人的表达方式予以限制，其风险在于会创造一个表面上尊重人的虚伪的社会，其成员认为他们不能公开表达的思想是有危害的。我们的担心是，在这个社会中，人民不能直接地表达厌恶，这也许比公开表达更为糟糕，因为这种厌恶会被掩盖在尊重之中。如果人民都在揣摩他人的羞辱人的想法，还不如让他们在可以公开的地方发泄为好。但是，即使我们不考虑哪一种社会（文化体面但虚伪的社会或者文化不体面但不虚伪的社会）更好，用限制表达手段来阻止羞辱是否正确，这一带有普遍性的问题仍困扰着我们。

我相信，我们在这里讨论的体面社会与文明社会之间的区别是一种有很大差别的区别（我认为这种区别相当于组织性羞辱和个人歧视之间的区别。体面社会是一种不存在组织性羞辱的社会，而文明社会则是一种不存在个人羞辱的社会）。尽管必须特别警惕试图限制个人自我表达的方法以及他们在使用集体表象时可能采用的羞辱或侮辱人的方法，但仍没有必要对限制组织的表达如此谨慎。我把代表某个组织的个人所作的声明或通知也包括在这一类中，此类话语者不仅包括组织的官方发言人，也包括在组织中担任相似角色的人。

还有许多介乎二者之间的情况存在，即我们不能确定话语者代表自己还是代表组织在说话的情况。这方面有一个实例很有趣，它出现在政治感化的趋势中，即大学教授在校园里说话时的身份，他们说的话应当被视为组织的表达还是个人的表达？一方面，大学教授在一个组织中作为一个教师在说话，因此对组织的限制也应当适用于他；另一方面，大学这一特定的组织应当给教授们提供很大的范围表达自由，即学术自由。无论上述哪种情况下，学术自由都应被理解为：教授应至少享有社会中任何个人的表达权利，因而他们即使作为教授在学术机构中担任一定的职务，仍应当被视为个人而不是该组织的代言人。

让我们回到个人使用的羞辱人的集体表象和公共组织使用的羞辱人的集体表象二者之间的功能区别上来。通常，组织做出的羞辱（如被一个社会组织排除出某个环境群体）比社会中某个个人所做出的羞辱更伤害人。但是，限制个人的表达则比限制组织的表达更有害，个中原因显而易见。首先，对于被羞辱者而言，组织的羞辱的威胁成分一般大于个人羞辱的威胁成分，因为组织一般比个人强大，因此造成的损害也更大。从羞辱本身而言，组织性羞辱涉及把某个个人排除出某个环境群体，所以被视为一种整

第十章 文化

个社会的排斥；而个人做出的羞辱通常不是这种情况。与此同时，限制组织的表达自由并不像约束个人的表达自由那样严重，因为表达自由的终极合理性解释是个人的福祉。组织的表达自由寓于个人的表达自由之中。如果上述观点是正确的，那么我们有理由要求把对个人和对组织的羞辱行为的限制加以区别。在其他条件相等的情况下，对组织的限制比对个人的限制更具合理性。

对于体面社会的文化，有一个重要的测试方法，就是看它对色情作品的态度。色情作品的一个重要的即使不是本质的要素是以羞辱的方式来表现妇女。色情作品并不具表现性，只有挑逗性，这一事实的副产品便是它用一种特殊的羞辱人的方式来表现妇女——把妇女仅仅作为挑逗男人性欲的工具。这是文明社会和体面社会之间的关键区别。还有一个是组织使用色情作品（如军队作为材料散发以提升道德）和个人使用色情作品之间的区别，而且在这里，对组织使用色情作品的限制也必须与对个人使用色情作品的限制区别开来。作为最为接近的结论，限制组织使用色情作品以保证社会是一个体面社会，这是正确的；但是，限制个人使用色情作品特别是参与者是有自主意识的成年人时，那就是错误的。

次群体的存在

让我们设想包括一个有自己的生活方式的环境次群体的社会，整个社会的文化组织、特别是传媒通常不向公众介绍这个次群体或者它的生活方式。尽管在整个社会的媒体中该环境次群体的集体表象并没有被贬低甚至被侮辱，但该次群体及其生活方式被人们所无视。让我们假定这种无视是国际性的，而且该次群体在文化中缺乏公共存在是国内外媒体审查的结果，比如我们可以想象一下这就是在某些社会中同性恋者的情况。同性恋者在这些社会中成为次环境群体，这些社会故意无视它。社会试图通过将同性恋群体孤立在限于少数人加入的俱乐部、酒吧、私人派对等场所来将它们从公共视野中抹去。这种有意识地无视是对该环境群体的羞辱吗？无视，无论是国内还是国际的，通常都应被视为是羞辱人的吗？

为了简化讨论，我们假定在文化中给予环境次群体的公共存在不需要任何经济代价，而无视他们却可能会产生经济负担，体现为收入损失（如不存在既无视该群体又可以增加产品在该群体内销售数量的广告）。

故意无视意味着公开谴责次群体的生活方式，但这种谴责构成羞辱吗？环境群体（在我们的例子中为同性恋群体）可以把社会对他们的故意无视看作社会认为他们的生活方式缺乏人的价值吗？同性恋的合理性被解释为：他们作为人以向公众表现自己的生活方式的形式来表现自己的合法性没有得到承认。对一个有价值的生活方式故意无视，为受害者认为这种无视是一种羞辱提供了口实。

并非所有的生活方式都具有人的价值，即使这种生活方式给按这种方式生活的人带来极大的满足。其构成要件之一是羞辱人的生活方式就是缺乏人的价值的生活方式。诸如三K党或光头仔①群体一类的种族主义群体对其成员而言或许构成一个环境群体，但他们因其生活方式主要建立在羞辱他人之上而缺乏人的价值。

无视一个无价值的群体也会为其成员提供感到被羞辱的理由，但这并不是一个好的理由。困扰我们的问题不是此类群体应该还是不应该在一个体面社会的文化中被表现，而是体面社会是否允许他们存在，但这取决于他们对其受害者构成的威胁的程

---

① 光头仔（Skinhead），英国或美国白人青年群体。成员均剃光头，在摇滚音乐会和体育盛会上集合，有时参与白人至上主义者的集会和反移民活动。

第十章 文化

度。如果允许他们存在，那是否应当在文化中公开表现他们的存在。他们不应当享有这样的权利，因为这些群体没有价值，或者准确而言，他们有负面价值。无价值和负面价值都是免除向该群体提供表达平台的义务的理由。

体面社会能允许被羞辱者通过以其人之道还治其人之身的方法反击吗？换言之，羞辱是体面社会的一种合法的抗议形式吗？我们的假定是体面社会不一定是文明社会，即我们假定没有组织的羞辱，但个人和群体在社会中会受到其他个人和群体的贬低。体面社会应当允许被羞辱者自我组织起来反对羞辱者及其同谋吗？在这里，我讨论的情况并不是反诽谤联盟①（它的活动是揭露针对某个受害的少数人群体的诽谤和羞辱行为并予以公开谴责），而是采用羞辱武器促使社会关注他们的困境的组织。问题不在于采取某种自卫来以牙还牙，而是群体是否应当被允许以羞辱其他群体为宗旨自我组织起来，作为一种反正统派抗议行为（如某些有组织的种族主义说唱乐队）。换言之，被剥夺或被羞辱的群体组织起来去羞辱其他群体，这种组织的存在与作为体面社会作为一个不羞辱人的社会的特征是否相匹配？这些非正式组织能算作我们判断体面社会时要考虑的组织吗？问题不是羞辱作为一种组织的报复行为是否是一种适当、有效的回应，而只是它是否使一个社会丧失体面社会的资格。我要描述的是一个反政府的次群体利用其组织来羞辱故意贬低某个少数人群体的成员的例子，比如在德国，有组织的新纳粹组织——光头党，其所属的社会组织不允许从事羞辱人的行为，但却存在着个人针对少数人群体的羞辱行为。在这种情况下，这个社会是体面社会吗？

我在这里所描述的是一个介于体面社会与非体面社会之间的例子，因为其中涉及的组织尽管存在于该社会之中，也不能真正

---

① 反诽谤联盟（Anti-Defamation Leagues），著名的犹太组织，成立于1931年，以阻止对犹太民族的"诽谤"，确保公正、公平对待所有公民为宗旨。

地被视为一个社会组织。但既然我们把社会组织的范围已经拓展到不仅包括基本组织而且还包括更外围的组织（如剧院），那么，对我们而言，把诸如移民的群体不算在社会组织范围之内似乎稍显荒唐，即便这些组织在社会中属于边缘群体。有鉴于此，我的答案是一种概念上的推定，即我在这里所描述的例子会使这样一种社会丧失被视为体面社会的资格。

文化宽容

　　体面社会通常是多元社会吗？当然，从它作为一个不包容任何竞争（作为环境群体的）次群体的同质社会的历史演变看，体面社会实际上会是同质社会。挪威可能是这样一种社会的典范。但是，任何社会，甚至同质社会，为了成为体面社会，一般（如通过法律）都允许竞争的合法环境次群体存在吗？禁止合法环境群体存在就是羞辱那些想组成这类群体的人，因此，体面社会似乎应当是多元的。然而，多元社会有一个替代物，即宽容社会。多元社会与宽容社会之间的区别是：虽然宽容社会默许竞争的生活方式，但不认为这种多样性具有价值。相反，多元社会不仅容忍竞争的生活方式，还把每种生活方式的存在视为一种重要的价值。对一个宽容社会而言，宽容是必须付出而且值得付出代价的，以避免人类遭受由于管制竞争性的生活方式带来的痛苦，漫长的历史告诉我们对竞争性生活方式的抑制，是不宽容的必然结果。所以，宽容社会之所以宽松是出于审慎而不是原则。对宽容的必要性，我们绝大多数是从宗教战争的历史中领悟出来的。这种历史给许多欧洲社会上了一堂沉重的课——宗教战争代价惨重。因此，宗教宽容作为对现实的妥协形式是必不可缺的，它不涉及竞争性群体的生活方式对整个社会是否具有价值。

　　什么是竞争性群体？指凡从属它的任何人原则上不能再从属

另一个同类型的环境群体的环境群体。比如，一个人不能既是天主教徒又是伊斯兰教徒，这并非仅仅在实际中不可能，如同不可能同时生活在城市和乡村一样，而且在法理上也不可能，因为这意味着在某个群体的生活方式中不存在一个明确或暗示的戒律禁止从属另一个群体。俄国民粹党人①（19世纪70年代旨在鼓吹农村生活的社会主义运动）就是认为城市和农村的生活方式是相互竞争的环境群体，但人们一般不以这种方式去认识这两种生活方式。

多元论是一种立场，一种赋予竞争性生活方式以价值的立场。作为多元社会的一员，我无论处在哪一元上，都能承认其他竞争性生活方式的价值，即使它不是我希望自己或自己的后代采用的生活方式。把竞争性生活方式与仅仅是互不相容的生活方式相区别很有必要，虽然互不相容的生活方式在同质社会也容易存在。当城市居民和当农民就是两种互不相容的生活方式，但它们都是竞争性生活方式。信仰宗教和世俗不仅互不相容，也不是竞争性的。技术上无法同时采用的生活方式都是互不相容的生活方式，在信仰和价值观上互相对立的生活方式则属于竞争性生活方式。世俗和宗教的生活方式不只是技术上的互不相容，而且互相矛盾。[31]多元论并非不能批评其他生活方式，但一个人的批评不能变成一种对于他人的社会性排斥；正相反，对任何一种竞争性生活方式，你必须不仅为了它的成员而且为了所有人承认它的人的价值。在本书下一章中，我将再回来讨论批评与排斥之间的区别。

体面社会是否必须是多元的？这个悬而未决的问题可以这样理解：对于体面社会而言，宽容是否足矣？或是它还必须是多元的？

---

① 俄国民粹党人（Russian Narodniks），俄国小资产阶级政治派别，自称是人民的精粹，故有民粹派之称。

如果理解正确，宽容社会足以保证社会组织不羞辱人。换言之，宽容足以使该社会成为一个体面社会。从这个意义上讲，并不需要该社会必须也是多元的。然而，我们还不确定宽容能否足以确保某个社会是文明社会。在社会成员之间的关系层面上，宽容也许不足以保证，关键在于宽容的性质，因为宽容可能是无视的结果。你认为自己属于某种生活方式。你意识到存在着一个竞争性的生活方式，但你不赋予其任何价值。你对自己说，如果那种生活方式的追随者采用了我们的生活方式也许会更好。但你却对此并不很在意，你根本不关心其他生活方式及其追随者。简言之，你无视它们。你的态度中不掺杂任何情感："如果这是他们想要的，就让他们这样生活吧！"

然而，还有一种宽容——社会宽容，即承认社会组织必须是宽容的，但应允许在个人层面对其他生活方式抱有敌意。这些生活方式可以被视为错误的甚至可以被视为罪恶的。这样一种社会是可能的，而且根据当下对这一概念的理解，它甚至会是一个体面社会。然而，它却是一个不可信的社会。这是因为，在社会组织中担任一定职务的人，如果他们敌视竞争性生活方式，会在履行其组织机构的职责时表达出他们的羞辱人的态度。换言之，体现在其规则中的社会组织的抽象态度或许是体面的，所有合法的生活方式都被允许；但在这些组织的代表的实际行为之中，宽容肯定会消失不见。

批评与排斥

体面社会的基础原则之一是：可以包容具有竞争性且不仅是互不相容甚至竞争性的生活方式的环境群体。

一种生活方式的一个基本要素也许是它对其他生活方式的否定。世俗的生活方式从根本上拒绝宗教的生活方式，宗教生活方式更拒绝世俗的生活方式。问题是什么时候这种拒绝仅仅是严厉的批评，什么时候这种拒绝是羞辱人的排斥。世俗主义者也许会认同宗教生活方式的价值，相信它对精神生活、家庭生活、社会责任、应对危机的能力等具有重要作用。与此同时，世俗主义者不赞成宗教生活方式所具有的历史和超自然的信仰，特别是它所认为的一个人生活中权威的来源。此外，世俗主义者会认为宗教生活根基于迷信、偏见和幻想，这类人认为自己对宗教生活方式持一种批评甚至是激进的批评立场，但他们通常不认为自己的立场具有羞辱的意图。然而，他们的另一面（指宗教）却不是这样看待他们，从属宗教生活方式的人把世俗主义者看作亵渎者而不是批评者。倘若世俗主义者使用讽刺作品的手段，我敢打赌被讽刺的对象一定会认为他们被贬低了，是世俗主义者对他们的嘲笑和厌恶。对一个人的批评会算成对另一个人的羞辱。

　　世俗社会由于鼓励竞争性生活方式，很容易处于一种批评和排斥之间的紧张状态。一个弱势群体，如果在历史上曾被羞辱并对其环境不信任，特别是对主流文化不信任的话，必然会把任何一种批评理解为羞辱。同质的生活方式也许能够不在乎这样一类周边的生活方式，并不将其视为一种威胁，所以无意去批评它。主流文化甚至会认为其他文化太边缘化以至于不值得去批评它。但是，这种无视必定被过于敏感的弱势群体误认为是一种耻辱。边缘群体甚至一想到主流群体从来没有停止过对他们的无视，而且这种无视是故意的而非无心的，会有一种挥之不去的困扰。所有这些都属于历史上曾被伤害因此才对现时过于敏感的环境次群体的伤痕心态。

　　然而，谁来决定哪些是（可允许的）批评哪些是（应当反对的）羞辱？似乎存在着自明原则：批评是一种你所愿意向其他人提出，而且别人向你提出时你也愿意接受的状态，羞辱是你向别人表达，而如果别人以此针对你时你却认为是蒙受耻辱的状态；但是，对于弱势群体而言，上述这一原则仿佛是让他们参加一个最轻量级拳手与一个重量级拳手进行拳击比赛，并承诺重量级拳手不仅会用拳猛击他的对手，而且还愿意接受反击。该社会中的弱势群体往往是这个意义上的最轻量级拳手，社会的重量级群体打在他们脸上的拳头肯定会将他们打倒在地，甚至直到把他们排除出整个社会。

与此同时，也有人不赞成由弱势、少数人群体来决定什么是羞辱。为什么会出现这种情况，我已经暗示过，历史上受迫害的少数人群体往往患有羞辱和耻辱多疑症，一些肉眼看不到，甚至同情该少数人群体的局外观察者也无法看到侮辱和羞辱的地方，他们都能"寻找"到羞辱。这一群体受伤的神经必定非常敏感，以至于甚至是一个恭维都会被误认为是羞辱。在文化不信任的环境之下，恭维也可以被视为一种有优越感的人以恩人自居的态度。

对上面的观点，也有一种相反的观点认为：历史上遭受过迫害和羞辱的群体面对羞辱时会形成一种"厚脸皮"。这两种观点都有一定道理，因为经历这种历史的群体必然会采取这两种态度其中之一，或两种态度兼而取之，或者在两者之间不断变化。鉴于这种情绪不定，我们是否能够把什么算作羞辱的决定权交给这些弱势群体？我坚持认为，行为看作是羞性的体面社会中势少数群体会把针对他们的，而社会会倾向于支持他们的看法。有人会提出相反的证据或论据（比如在一般条件下羞辱人的理解似乎不合情理）来反对这个假定。就偏向弱势群体的理解来说，其合理性解释取决于一种道德必需，即理解误差的天平应向弱者倾斜。

让我用无罪推定的理念来解释这一问题。根据无罪推定的理念，一个人在被证明有罪前都是无辜的，但我们却不能以绝大多数人在被法院判决前都是无罪的统计数据来作为无罪推定的合理性解释，因为极有可能并非如此。这种合理性解释是道德上的，而且其目的是减少法院的错判以维护无辜者的利益。这一目的被表达为：宁愿让5个罪犯逍遥法外，也不能将一个无辜者关进牢

第十章 文化

房。在这里，我们对错误应向哪个方向发展抱有一种偏向，认为一个可以导致无辜者受惩罚的错误似乎比让一个罪犯逍遥法外更加糟糕。以此类推，对于有利于弱势群体对羞辱的理解的推定，其合理性在于错误可以向他们一方倾斜。因此，弱势群体的理解只要没有人反驳就都应当被接受。[32]

数年以前，在宾夕法尼亚大学，一个白人学生给一个黑人妇女（这名妇女是黑人女学生联谊会成员）起了个"水牛"的绰号，原因是前一天的深夜她在某宿舍外面发出巨大的噪声。这一事件被闹大了，因为该名黑人妇女和她的朋友把这一事件理解为一种种族主义的言行，尽管那名白人学生坚决否认在表达有关话语时存在任何的种族主义意图。黑人一方提出的论据之一是：水牛产自非洲而且也是黑色的皮肤（其实水牛是棕色且产自亚洲，但谁能知道呢），因此这句话带有种族主义色彩。宾夕法尼亚大学的律师认为，对这句话的解释权在于讲话人所指的对象，故而种族主义的理解成立。这并不是我在这里鼓吹的立场，我的观点仅是推定其中有向黑人学生的倾斜。

有利于弱势群体的救济原则必须与另一个原则平衡，即凡在家庭中（群体内）应视为批评而不应视为羞辱的，如果来自群体外部也应一视同仁。对于发生在群体内与来自群体外的表达，即使一模一样，在语境和意图上也肯定不同。在群体内以一种宽容的自嘲口吻提出的幽默批评，如果来自群体外部，即使其内容完全一致，也会是一种纯粹的羞辱表示。尽管如此，我们必须坚持这样一个原则，即社会无权歧视某一方，无权认定某些东西如果来自内部就应视为批评，而来自外部则属于羞辱。批评永远是批评。

如果我的讨论给人得出印象说羞辱纯粹是一种口头的，那么需要予以纠正。我一直使用表达这个词，其目的就是要避免这种误导，因为表达既可以是口头的也可以是非口头的，毕竟非口头表达也经常用来羞辱人。纳粹迫使当时在柏林的外来移民行纳粹礼的行为比口头对其侮辱更为恶毒，就如同在他们的墓碑上刻上纳粹的十字标记。

  但这还不够。体面社会的文化必须不仅包括社会可获得的所有表达手段，也要包括它的物质文化，即浪漫主义的两分法中与文化相对应的所谓的文明。在我们的讨论中，文化也包括物质文化。一个体面社会的物质文化应当是怎样的，这是一个重要的问题。一个社会的技术水平，是确定在该社会中什么是羞辱的要件。我不仅指与实物相关的身份符号，如指某个名牌而不是指其他品牌的小汽车。人造物品确实可以作为交流思想的行为，通过使用什么在"里面"和什么在"外面"来表示哪些属于和哪些不属于。但是，在文化交流思想的特征之外，还存在另一个羞辱的概念，即缺乏技术的文明所特有的某种控制。作为一个例证，让我们来看看对残疾人的照顾。在某些社会中，人们很注意为残疾人提供特殊的安排，以便能使他们在很大程度上独立行动。而在另外某些社会中，残疾人则只能听任于别人的善意，因此仍然受到羞辱。这种情况即使存在能够保证残疾人一定程度自由的物质手段时也依然会发生。当一个社会可以提供这些手段但却未能尽力将它们提供给残疾人时，这个社会正是在羞辱残疾人。

  停车场内设专用的停车位不应当被视为羞辱的标志而应看作照顾的标志。因为残疾人专用车位被用来提高残疾人控制其活动的能力，并因此提高他们自我生活的能力。所以，张贴这些标记旨在增强他们的声望而不是为了羞辱他们。仅仅把某个群体或某个人挑选出来并不是羞辱，但如果以疏远和压制为目的就是羞辱（如同让犹太人佩戴黄色的星标记一样）。残疾人专用停车位由于旨在实现照顾残疾人使他们与普通人生活的一样而受到欢迎。

第四部分

考验社会组织

第十一章 势利

势利社会（snobbish society）是体面社会吗？这里有一个简单的答复：如果势利社会羞辱人，就不是体面社会；反之如果不羞辱人，就应被视为体面社会。然而，这一答复并不能说明什么问题。我们想知道的是，一个势利社会从本质上讲是否是一个羞辱人的社会，或者更确切地讲，在势利和羞辱二者之间是否存在一种概念上的关联。我们习惯于把势利作为可以原谅、司空见惯甚至是可爱的小毛病，是英国喜剧中常见的情节——憔悴的老妇人手里端着骨瓷的茶杯，嘴里嘟哝着脏话诅咒某个令人讨厌、野心勃勃却不幸"太平庸"的男青年。这种小毛病既不太美也不太可怕。由于势利基于与无关紧要的社会潜规则相关的社交场合中言语或行为不得体，我们倾向于从整体上将这种现象视为无关紧要。但是，许多无关紧要的步骤积累却可以有重要的产出，势利也是这样。伊夫林·沃①把势利的人物刻画成一个诡计多端的、愚蠢的、恶毒的势利小人，而不是英国喜剧中可怜的、荒诞的假绅士。

我们所讨论的问题是组织的势利。这个问题的实质可以用下面这个问题来提问，即这是一个羞辱问题还只是一个令人困窘的

---

① 伊夫林·沃（Evelyn Waugh, 1903—1966），英国作家。

人或事？我对难为情看得很重，许多人在他们的生活中走出的关键一步有的仅仅是为了避免难为情。辛克莱·刘易斯①笔下的巴比特娶一位女子，原因仅仅在于拒绝她会使自己非常难为情。此外，难为情不是羞辱，一个人可以故意使别人难为情，但不羞辱他。他所做的只是创造一个使人不悦的情境，使他人产生一种明显的不知所措的感觉。难为情可能会减损自豪，但不会伤及自尊。所以，问题在于势利是否仅仅建立在使那些处在不适当的情况或环境的人难为情之上？或者它是否也羞辱人？势利在社会中必然会成为荣誉分配的政治联盟，这种分配可能是不正义的，但也不是羞辱人的。因此，在我们现在的语境下，势利的不正确之处不是势利和势利小人的行为被认为是可耻、可悲或完全错误的这个一般问题。势利的不当之处有许多。[33]但我们的问题只集中在一点上，即势利羞辱人吗？

势利涉及一些知名人士——把自己与知名人士联系起来并与无名小卒脱离关系。一个人可以以辉煌的成就使自己出名，但如果天生就有名会更好。势利社会就是一个可以把社会的成就导向异化为从属导向，势利的基础是通过持续不断的苦心经营而形成的从属某个小集团的标记，从而使其他人始终被排除在具有某种特殊的重要性或价值的社会之外。从属标记只能通过直接相识来获得，不可以远距离地表现。正是这一点使得没有入围潜规则制定者圈子的局外人便很难进入该社会。显著的成就可以穿透势利社会的盔甲，但事情的关键并不是成就，而是这些成就所形成的名誉。不能获得从属标志的局外人在待人处世时会非常尴尬、难为情——特别是使自己难为情。他们被圈内人无情地击败，败倒在圈内人放置在他们前进道路上的绊脚石前，他们很难跨入势利社会。在幼儿益智游戏骰仔棋中，局外人碰到的滑梯比梯子要多，这种令人讨厌的从头再来（指碰到滑梯后便前功尽弃）并不

---

① 辛克莱·刘易斯（Sinclair Lewis），美国小说家。

是没有伤害的,实际上非常伤人。

组织性势利可以表现为(比如)某个持有专门密码的人才能进入的有名望的俱乐部,也会表现为被邀请参加某项重大的组织活动。希望进入这些地点的人如果不在被邀请人的名单上或者至少不在被邀请的贵宾之列会感到自己受到了侮辱和难堪。然而,所有这些都是与社会荣誉(作为它的回报)相关的社会游戏,它们可以把你排除出人类共同体。即使这样,一个势利社会仍可以在社会作为一个整体按这种方式行事时为完全排斥制定潜规则。简言之,一个普通的势利社会自身不会羞辱人,但在社会和文化的整体情境下,它必定会构成并鼓励羞辱,不仅是个人的羞辱而且是组织的羞辱。

现在让我们来讨论反对的观点,这样就可以清楚地说明势利社会的历史和社会作用以及体面社会概念中最重要的尊重和羞辱概念的形成。在这里,我对势利持赞成态度或者至少替它辩护。我认为它是一种不得已,因此不应受到谴责。

诺伯特·伊莱雅斯①提到,现代人是由一系列细微的变化经过长期积累发生一次剧变后而形成的。[34]这些量变涉及过分讲究和耻辱概念,而且自文艺复兴以来它们已经变得非常关键。它们体现在饮食习惯、穿着及发型,特别是对身体及其分泌物的严格控制等方面。其中,某些变化表现为私人空间(如卧室、卫生间和浴室)的创建。这些变化形成了"私我"(private self)的概念,而私我正是我们努力保护使其免受羞辱的对象。变化过程中的每一个步骤都似乎微不足道,然而积累的结果则影响深远。在中世纪,人们随地吐痰,后来发展到用脚蹭吐在地上的痰,再后来又开始使用痰盂,直到最后我们现在在公共场合吐痰会招致众人蹙眉而露出不悦之色。在文明社会里,被人捉住吐痰行为必定会感到羞愧和难为情。同样,人们过去通常用衣袖擦拭鼻涕,后

---

① 诺伯特·伊莱雅斯(Norbert Elias),德国著名社会学家。

来改用左手，随后只用两根手指，最后改用了手帕。变化的每一步都是很小的，但其结果却控制了人的分泌物，拉响了开创公共和私人空间的前奏。作为对身体的"资本主义控制"的前奏的身体控制习惯，其创造者并不是中产阶级。这些习惯的源泉出自势利的皇家宫廷（及其附属——贵族的家庭），而后是效仿宫廷礼仪并试图进入高层社会的高级中产阶级（upper-middle class）也开始模仿这些礼仪和习惯，低级中产阶级（lower-middle class）也准备模仿这些礼貌，最终工人阶级中希望向社会上层流动的成员也加入了模仿行列。礼貌的社会功能自始至终都在创造社会差别。

无须对"隐性功能"做复杂的推定，问题非常清楚，可以通过用叉子吃饭的历史来说明。礼节的发明是用来区别人并在人之间制造阻隔，但它也同时创造了社会空间的概念和私人空间的范围。达官贵人在他们的浴室里当着仆人的面赤身裸体而不感到难为情，是因为仆人的眼睛里没有价值；而如今如果让一个陌生人看见我们的床没有经过整理，我们便会很难为情。卧室已经变为私人殿堂，把空间划分为公共和私人两类，就如同把身体划入可以让人看到和必须掩盖起来的两个部分一样，对于根据隐私概念而创立的私人个体具有极其重要的意义。所有这些不全是伊莱雅斯的言论，但都是根据他的观点理解的。礼仪是势利小人的工具。势利小人把礼节提升到伦理的层次上。如前所言，礼仪的目的在于把人排除出过分讲究的大人物社会。然而，即使这是它的目的且势利小人也清楚这一点，历史演变的结果也对隐私概念的发展产生了决定性的促进作用，催生出私人个体概念。最终，这些概念形成了尊严的现代概念和羞辱的现代概念的基础。

过分讲究的礼仪确实是势利小人的惯用工具，但不是他们所独有的。旧式的人（old-timer）的势利性也许表现为一种不太讲究、随便的礼仪，但具有明显的疏远陌生人的倾向；而陌生人作为新来者没有资格享有旧式人的不太讲究、诚心的亲近。

上面这个观点，其概念上的重要性部分地反映为：它指向与微不足道的概念有关的合成谬论（fallacy of composition）。每一个新的礼仪的引入本身都是微不足道的，而且也是随意的，但它们所累积的社会变化却具有深远影响。在数学领域，虽然每一个完整的证明都是由一个个基于唯一推论规则之上的步骤所构成，每一步骤都是微不足道的，但整个证明可能会非常深奥。正如我所提到，我们不应该被势利社会所基于的微不足道所误导而忽略重要意义——它为私人和公共（荣誉与羞辱）的现代概念形成创造了社会基础。但为了回到我们讨论的中心点，伊莱雅斯的历史描述我们即便接受，也不能用来证明当下某个势利社会是一个旨在排斥讲究礼仪的社会。此类社会，虽然对于体面社会概念的形成曾经至关重要，但现在也不再需要了。

博　爱

在自由、平等、博爱三位一体中，博爱是最后一个成员。它的词义很难解释而且也很难把它转变成确切的社会思想，其原因很大程度上在于以下事实所产生的结果：即博爱是其他两个价值观的基础，博爱是连接人类的纽带，继而形成社会，它本身并没有清晰的背景。博爱关系的模式，顾名思义，就是兄弟的手足之情，这是一种无条件的从属关系。当然，困难体现在这种家庭友邦可以作为一个互不相识的群众社会的基础。对博爱的怀疑论观念相似于对爱默生[1]提出的所有人类都是他人的情人这一观点的怀疑论。

环境群体的观点假定：即使对不熟悉的人，只要他被认同为

---

[1] 拉尔夫·沃尔多·爱默生（Ralph Waldo Emerson，1803—1882），美国作家、哲学家和美国超越主义的中心人物。

从属于该环境群体，人都可以有一种博爱感。犹太人把他们自己看作是从属于同一个扩大的家庭。第一国际的社会主义者相信，同命相连的工人们团结起来，只要能在工人中培养出阶级觉悟，就一定会强于对其他环境群体（例如宗教或民族）的归属感。但是，博爱思想也有学生联谊会这种通俗版本，它有别于共生死的战士之间的同志之情，只是曾经共同拥有美好时光的好友之谊。同志之情可以带来温暖和亲密，但它往往与对还没有建立这种关系的人进行羞辱相交织，这种羞辱经常会以让人受折磨的入会仪式的形式出现。

许多入会仪式包括羞辱人的成分，这是一个很有趣的现象。公立学校的新生、精锐部队的新兵、学生联谊会的新学生等，都会遇到这种情况。在这些场合中，被羞辱的对象不仅有处在社会边缘地位的人，也有处在过渡性社会地位的人，即向上一层社会流动过程中处在两个社会阶层过渡阶段的人。这些羞辱人的仪式旨在告诉你：在履行折磨你的入会仪式之前，你不配成为这个群体的一员。

在体面社会中，（特权）组织的内部是否存在表示羞辱的情境呢？志愿精锐部队中对新兵的贬低，是否与心甘情愿的成年人（我们没有把这些人排除出体面社会）之间施虐受虐狂的关系相同？实际上，羞辱新加入的个人不同于排除边缘人，主要原因在于羞辱新加入者是一种暂时的现象，只限于加入阶段，而且在发生过程中，它是一种使人不舒服的羞辱形式。此外，它还是一种带有组织味道的羞辱。这种组织的羞辱是此类组织内部制度性意义上的，而不是以社会组织名义做出的。施虐受虐狂个人之间的羞辱性关系与文明社会格格不入，但我们这里讨论的是由组织作为代理人做出的羞辱。体面社会不允许对新加入者的羞辱，即使把它视为在博爱过程中暂时性的恐吓。羞辱就是羞辱，博爱不能以羞辱为代价来获得。

身体征候

　　身体征候在人的身份认同及其与环境群体的身份识别中起着关键作用。为什么羞辱经常指向身体特征和衣着？这个问题不难理解，它是一种对一个人的个性的身份认同的重要成分的攻击。一个人的发型、鼻子与颊骨之间的搭配以及眼睛的形状，都可以作为骄傲和耻辱的原委。羞辱往往表现为针对身体征候的污辱人的行为，被视为身体的"自然拓展"的衣着也是羞辱的指向。

　　势利和低俗社会对身体特征和衣着有着各自特殊的反应。如果军队要求其新征入伍的士兵一律剃平头，而某个新兵特殊的生活方式中包括留长发，那么便会出现两种生活方式之间的碰撞，组织对剪发的要求会被理解为不仅是强迫而且是羞辱。倘若某个人的宗教信仰中有明确的剪发忌讳（如印度锡克教的士兵），他就会将剃平头的要求理解为一个贬低人的行为。但是，对一个从属留长发具有社会意义的摇滚群体或摇滚文化的年轻人来说，面对军队剃平头的纪律也认为自己被羞辱是合理的吗？有人也许假定摇滚爱好者如果剃掉他那头上的一绺卷发会招致好友的强烈反对，但剃平头的要求本身不羞辱人。此外，以其长发作为身体表现，摇滚群体或左翼分子的生活方式可以提升到一种非小资的生活方式的层次。例如，德国军队在 20 世纪 60 年代承认这种生活方式是值得尊重的，不再要求新兵剃发。

　　体面社会用什么方式对待合法的生活方式中可以识别身份的身体征候，取决于这种生活方式赋予该身份识别标志的含义。我们正在研究的组织，它的社会甚至会在其成员的身体征候中具有自己的利益，它是一种可能会直接与社会中各环境群体的生活方式发生剧烈冲突的利益。决定社会基本组织行为的主流文化，会积极展现"现代性"、秩序和效率的身体征候。彼得大帝蓄着沙俄时期特权贵族标志的胡须,他后来用剃掉胡须来表明沙俄已经与其传统告别,进入了一个新的西方时代。凯末尔·阿塔图克①也曾有过相似的举动,要求他的军官穿上欧洲的服装。巴黎郊区有位穆斯林姑娘头戴传统帽子去上学,她的服装与学校的校规发生了冲突,于是不仅被视为对主流生活方式的一种挑战,而且姑娘所着服装的宗教含义也被视为企图抗拒宗教与教育相脱离的制度,这一事件使得这种反差异常显著。

在我们关于身体征候的讨论中,有一个新的因素值得提及:环境群体之间生活方式的竞争,是讨论宽容或多元社会的背景。但是,我们现在的讨论中所涉及的这种竞争,是社会作为一个整体与社会内部次群体的竞争。那么对这种新的背景是否需要确定一个新的原则?有人发难说,这个问题的本身就建立在一个错误之上。社会作为一个整体会与社会中某个少数人群体发生冲突,这种推定本身就是一种误导。这种冲突并不是社会作为一个整体与某个少数人群体之间的冲突,而是社会主流群体(它渴望作为整个社会的代言人)与社会中某个少数人群体之间的冲突。

除了对冲突进行正确描述外,宽容的原则在我们现在的讨论中也很重要,特别是当我们专门研究身体及其服饰时。在这个问题上,军队是一个特例。我的这一观点的论据是功能性的。军队的纪律要求它的生活方式必须高度统一,因此,对这种统一性存在着许多合理性解释,必须有相当充足的理由才能违反,比如会损害宗教自由(例如印度锡克教士兵留长发的情况)。这与摇滚文化长发的情况有所不同。这两种情况的区别在于:在摇滚文化中,留某种特定的发型代表一种时尚而非原则问题,今天是长发明天可以是短发,头发(或者光头)对摇滚文化很重要,但具体

---

① 凯末尔·阿塔图克(Kemal Ataturk),现代土耳其国父。

第十一章 势利

的发型可以改变；而在宗教戒律中，特定不变的发型是一种义务，改变发型就要受到惩罚。

给予军队的例外，其合理性解释是纯功能性的。作为身份认同和身份识别的象征，军装的象征功能也未能逃脱选择其他生活方式的人的反对。换言之，如果由于表示社会统一的非功能原因而选择军人装扮，便是一种军阀社会的行为。因此，当情境从军队转向学校时，制服就不像在军队中那样具有功能上的合理性解释。在学校中，强迫准军事化的身体征候缺乏合理性，学校的宽容原则不容践踏。根据我对体面社会所遵循的宽容原则的理解，那位居住在巴黎郊区的穆斯林姑娘身穿传统服饰的要求不应当遭到拒绝。

然而，我们还必须对此情况加以脚注，该脚注适用于有统一着装要求的学校。学校要求统一着装，其目的原本在于把统一着装作为一种有价值的手段，以实现学生间平等和消灭阶级或出身差别。通常情况下，移民的子女是统一着装规则的主要受益人；但如果学校没有规定统一着装，那么对上述那个女孩子的着装限制便没有理由。

第十二章 隐私

在体面社会中,组织不得侵犯个人隐私。侵犯个人隐私与羞辱二者紧密相关,尤其在侵犯是组织行为的情况下。当然,个人之间也存在侵犯个人隐私的现象,从窥视到恶意的流言蜚语,但这类侵犯更多地涉及是否是文明社会的问题,与是否是体面社会的问题关系较小。我在后面将把流言社会(gossip society)与极权社会(totalitarian society)二者之间侵犯个人隐私的性质进行比较。保护隐私的要求也许不仅来自个人,也来自组织和企业,它们是希望保护与其存在利害关系的信息不被公开。我们在这里只研究个人隐私,不讨论组织的保密。

体面概念与公共领域和私人领域之间的划分有一个直接的概念关联。把属于个人领域的行为或物品暴露在众目睽睽之下,是一种不体面的行为。英国伦敦的汉普斯特海斯公园(Hampstead Heath)内,伦敦市民在明媚的阳光下裸露着身体享受日光浴,其中有两名妇女,一位只穿着内衣白色胸罩和内裤,另一位身着比基尼。我听见身旁一位老妇人对此十分气愤地惊呼女人脱得只穿内衣是多么的不体面。

"可那位穿比基尼的女士呢?"我问她。

"这是两回事",她回答说,"内衣是隐私"。

这个故事告诉我们,私人领域和公共领域的范围如何划分,这个问题取决于文化。那位英国老妇人在她年轻时就学会了忍受丢脸的行为——在公园里脱光自己,但她没有学会忍受把内衣暴露在他人目光之下,因为内衣与私处很接近。私人领域和公共领域的界限取决于文化和历史。不仅文化和社会阶级之间,而且同一文化于不同历史时期中,私人领域的界限都不相同。尽管私人领域的界限不断变化,但按避开众人目光和向众人开放来划分领域的方法本身却并不取决于社会或者文化。这是一种超越所有文化的区别。虽然每种文化中都有一个私人领域,但却没有所有文化都共有的一种私人领域。私人领域有的非常狭窄(不公开进行性行为、不公开大小便或遮掩私处等),但总是在那里。

每种文化都划分、区别公共和私人领域,这一观点属于经验性的推定而非概念上的主张。我相信这一推定,我的相信来自对社会的人类学研究,它认为生活条件限制会使私人领域很难得到保障,比如爱斯基摩人的拱形圆顶冰屋(主要是用冰砖砌成的圆顶冬季住宅)。在冬季暴风雪时期中,每个人都在封闭的拱形圆顶冰屋中生活,以至于甚至大小便都必须在这种封闭空间中完成。但有一个令人难忘的现象是:尽管如此,他们却仍能在这样的条件下维持一个私人地带。爱斯基摩人特别羞于暴露他们的私处,他们在做爱时保持沉默,大小便时注意遮掩。他们从不外露对其他人的看法和感情,也拒绝回答个人问题。[35]

在我们的文化中,性被视为最主要的私人地带。从这个意义出发,隐私和性之间存在着密切联系,它说明了为什么伍德斯托克大型摇滚音乐节,作为反文化的一种表现,挑战了不公开发生性关系这个我们文化的基本前提。性和隐私之间的联系不是概念的而是历史的,它的重要性在于我们从性行为而不是从其他方式中懂得了隐私。性和隐私之间、隐私和避世之间的联系非常紧密,以至于我们通常都是通过从性方面的例子来讨论隐私。然而,在我们的讨论中,隐私包括不仅仅(甚至主要)局限于性方面的活动地带。尽管如此,为讨论隐私提供了一个范例。

什么是侵犯隐私的羞辱，这是我们讨论的关键问题。这不是一般地讲侵犯隐私有什么不好，而是这方面的羞辱是什么。让我们重温一下羞辱的两个核心内容。第一个是排斥，把人排除出"人类大家庭"；第二个是对控制的否定。丧失控制的羞辱概念是以摧毁人的自主性来贬低人的重要概念。侵犯隐私应当被视为同时具有两种意义的羞辱，但第二个动机更为直接，我因此先讨论它。

私人领域被定义为个人控制其利益的最小范围。侵犯隐私就是违背个人意志限制他对应属于他的控制范围的控制。一个允许组织对私人领域进行监控（如利用窃听、信件检查或其他侦查活动）的社会，就是在做许多使人蒙受耻辱的事情，其中之一（但不是唯一的）就是羞辱。

这里必须提出一个问题，是否每一次系统的侵犯隐私都构成羞辱？极权社会和流言社会这两类社会，各自以两种不同的方式来侵犯个人隐私。流言社会利用流言蜚语来实行"社会监督"，此类社会对个人隐私的侵犯即使是羞辱人的，也不构成组织的羞辱，除非我们把报纸上的随笔专栏也视为组织。所以，它关系到文明社会而不是体面社会。在文明社会与体面社会之间进行对比，其目的在于明确极权组织在哪些方面侵犯隐私以使其极其羞辱人，从而使极权社会成为臭名昭著的羞辱人的社会。

在极权政治制度中，侵犯隐私的目的不仅是发现针对政治制度的谋反阴谋，还带有收集那些一旦公开便会造成受害者感到难为情、耻辱或者被羞辱的信息的目的，以便使用这些信息进行敲诈。于是，羞辱的结果以下面两种形式之一出现：一种是如果这些个人信息一旦被披露会损坏受害者的名誉，导致他被排除出社会；另一种就是受害者会被迫妥协，以牺牲其诚信为代价屈服于政治体制以阻止其披露该信息。至此，受害者不得已会背弃他的原则，比如告发同谋。在我们的描述中，侵犯隐私并不是一种旨在羞辱受害者的侵犯行为。但是，侵犯隐私是一个可以用来为其他羞辱手段服务的有效、有力的工具。

另外一种观点受到米歇尔·福柯①的影响，认为侵犯隐私具有常规的监控功能，引导社会成员的行为标准化并排斥异己，旨在发现异己地侵犯隐私，带有排斥异己和另类的目的。羞辱的方式为把异己变为另类，而另类不能被看作人。所以，要把异己排除出人类。与其相关的一个观点是：通过监视（用一种看不见的眼睛的手段）规范人的行为，其功能是现代社会的标志之一。社会的集权组织，如监狱和精神病院，都是将异己排除出人类社会的常规监控这一发展趋势的典范。

流言蜚语会产生从属和亲密，反过来又会引发污蔑。一个亲密的传统社会内部，流言蜚语即使是明示的，也肯定是其受害者的人性弱点。传统的流言蜚语是民主的，它创造了受难者的民主："不要过高地估计自己，我知道你的弱点，有大的、有小的。"在传统的流言社会中，侵犯隐私的目的并不在于把人排除出社会，谈不上把人排除出人类；相反，在一定程度上侵犯隐私的流言蜚语却创造了一种强烈的归属感。在当代的集权社会，人的标准是"新人"的榜样，这个榜样由作为该政治制度的基础的集权意识形态来规定；而亲密和对人性弱点的接受则存在于传统的流言社会之中。

在流言社会中，大量的侵犯隐私主要影响富人和名人。名人在这种社会中往往用高墙深宅和保镖来保护自己，人们只能靠狗仔队的摄影记者用高倍长焦照相机才能看到名人们逼真的大腹便便和秃顶等丑态。这种社会的典型受害者是有权势的名人。但即使这种社会也存在人的尊严，而且在体面社会中，他们能够并且应该被允许维护他们的尊严。然而，问题是流言蜚语是否把名人放在基本上是普通人的位置上？这可能会侮辱他们但没有羞辱他

---

① 米歇尔·福柯（Michel Foucault, 1926—1984），法国哲学家和"思想系统的历史学家"。

们；或者是否实际地使他们被看作非人？流言蜚语仅仅影响名人的公众形象吗？它也影响他们的自我形象吗？直接的回答是这取决于流言蜚语的种类。海因利希·伯尔①在其小说《丧失了名誉的卡塔琳娜·勃罗姆》中，试图表现一个普通人是如何被媒体侵犯其隐私而转变成为非人的。卡塔琳娜·勃罗姆并不仅仅是一个典型的实例，而是现实的缩影。然而，很明显，如果没有权力和名誉的保护，侵犯一个人的隐私可以损毁他的自尊。

羞辱和侵犯隐私之间的关联可以从以下三个不同但相关的问题中体现出来：（1）侵犯隐私可以作为一种极端的羞辱形式，隐私被侵犯的人表现为他们对其生活缺乏最起码的控制；（2）侵犯隐私使得受害者是否能够控制其生活丧失了意义；（3）侵犯隐私会导致人失去对其生活的控制。我主要关注在失去控制意义上的侵犯隐私和羞辱之间的因果关系，但羞辱并不一定要求具有这种因果关联，它能表示失去控制就足以。

私人地带具有文化决定性质，即它的范围因不同文化在不同地点而有所差异。然而，无论范围大小，宣布私人领域本身就明显意味着它是受个人控制的最小范围。侵入私人领域会成为对控制的有效限制；或者会被用来向个人显示他已失去了即使对他很有限的领域的控制；或者可以视为他是否能够控制均没有意义。因此，侵犯隐私与羞辱的三个重要含义之一——丧失最基本控制——紧密关联。

作为不羞辱人的社会，体面社会在社会的基本的组织层面不侵犯个人的隐私。

---

① 海因利希·伯尔（Heinrich Böll），德国作家，1972年诺贝尔文学奖得主。

亲　密

有些时候，如果亲密是友谊的构成要件，侵犯隐私就会给亲密以致命打击。摧毁友谊意味着摧毁人的生活中除从属家庭的关系之外最重要的从属关系。羞辱就是把一个人排除出一个建立在重要的从属关系之上的群体。在这里，羞辱不是排斥，而是摧毁（至少是严重地损伤）形成最重要的从属关系的可能性。

必须区别不同的友谊概念：一种友谊建立在患难时刻人之间互相依赖的能力之上，这种基于依赖的友谊具有武士群体的特征，它维系在战斗单位的老兵之间（"我可以把他在半夜里叫来，而他则连问都不问原因即刻赶来"）；另一种友谊建立在共享的亲密之上，构成这种友谊的一个重要成分是披露一个人的高度私密，披露这种私密会极大地伤害此人。这种亲密信息（秘密）的价值在于它的稀有性，在于它是为朋友所保留的一种商品。向匿名的观察者暴露秘密是这种商品的稀缺性的直接贬值。当然，人们为了医学治疗或法律救济也会向外人透露亲密信息，但这是为一些特定的目的而不得不做出的。和朋友分享秘密则相反，它是一种重要的友谊行为，它不仅仅是寻求同情，或是一种获得心理治疗的廉价方法。因此，与建立在危难时期依赖性的友谊相比，侵犯隐私更多地是对建立在亲密之上的友谊的伤害。

如上所述，集权社会的兴趣在于亲密信息，目的是发掘其成员的弱点。他们对与政治无关的亲密并不特别感兴趣，除非这种亲密能够暴露可以被发掘用于勒索的弱点。流言社会对亲密信息的关注则是出于自身安全的考虑，亲密信息支撑着流言社会。集权社会关注阻止那种可以结盟反对政治制度的友谊，统治权力试图按照分而治之（divide and rule）的模式渗透到互相支持的人们之间复杂的关系网内部中去，从而充当人与人之间关系的最高裁决者。这就是其专治的意义。在20世纪30年代斯大林暴政时期（娜杰日达·曼德尔施塔姆①对斯大林的恐怖描述）的集权制度中，恐怖的第一受害者是友谊。不仅那些在危难时出卖人格、出卖他们朋友的人，而且包括被出卖的人，都感到自己被贬低了。即使后者仍旧保持自己的诚信，但他们亲眼见证了他们的归属感被摧毁。

然而，似乎有人反对我前面描述的观点，他们认为：集权社会已经被证明是经受考验的友谊的秘方和担保者。因为在这种政治体制中，友谊是反对政治体制非人性的人性同谋。任何曾经了解苏维埃的持不同政见的人都被这种友谊的坚固所感动。而恰恰是这种制度的垮台才摧毁了这些老战士般的友谊，每个人都被孤立了。可是，持不同政见者并没有代表性。我们必须记住：在这些持不同政见者出现之前，该政治制度的集权性质已经很软弱了，尽管当局没有承认这点。此外，我们还必须厘清恐怖政治制度中友谊的性质：它们是依赖式的友谊，还是分享亲密式的友谊？如果发现它们是属于第一种情况的友谊——依赖式友谊，我不会感到吃惊。

迄今为止，我一直在努力发现侵犯隐私的哪个特征构成一种羞辱行为，从而使它变为一个不体面社会的制造者。敲诈、挟制、排除异己、摧毁亲密从而摧毁有意义的归属感，对一个似乎需要直接回答的问题，这些都是间接的回答。回答的本身就说明，侵犯隐私本身是一种典型的羞辱行为，违背人的意愿去检查他们的私处是羞辱行为的典范。如果没有严重的安全的合理性解释（如机场实行的人体检查制度，虽然当事人不情愿，但表示同意并理解），在未经本人同意就检查一个人的私处是羞辱的极端形式，侵犯隐私是这种行为的延伸。

---

① 娜杰日达·曼德尔施塔姆（Nadezhda Mandelstam），俄国作家，因写斯大林的讽刺诗而被驱逐到乌拉尔山区的切尔登市。

换言之，自尊和羞辱都建立在一种私人空间的基础之上，侵犯私人空间是作为羞辱来理解的象征行为，因为它无视受害者的根本利益。没有能力保护一个人的私人地带，标志着在维护人的基本利益方面绝对无助，它也是隐私侵犯者完全无视受害者的根本利益的一个决定性的证据。对我们的利益完全无视，就是对我们作为人的无视的表现。哪些具体的行为被视作侵犯隐私（隐私是否是空间定义还是其他形式）取决于文化，但侵犯隐私始终是羞辱的核心行为。这一命题即使在人们把这种行为解释为对一个人的利益考虑不够以前就存在。简言之，侵犯隐私的生理特征是羞辱的典型行为，这一事实不需要过多的证据。有许多不道德的情事涉及侵犯隐私，但是我们的问题只限于一个特定的事物——羞辱。

第十三章　官僚机构

研究官僚机构的人关注三个方面的问题：第一，什么是官僚机构？这是一个定义和解释的问题，例如某个大型的私营保险公司的工作班子是官僚机构吗？第二，什么是好的官僚机构？这是一个道德规范问题，表现形式有两种：其一，如何确定工作任务的特点以根据它来评价一个官僚机构；其二（比较问题），相对于在竞争的市场中运作的公司中工作班子完成工作任务的方法，一个公共官僚机构如何履行工作职责。第三，官僚机构的工作动机。导致官僚机构膨胀的原因是什么？官僚机构是按照诸如"彼得原理"①或"帕金森定律"②（它的一个版本认为官僚机构的附属单位按固定比率增多，与工作量无关）一类法则来运作吗？戏剧《是，大臣！》③是一出讽刺剧还是一段现实？

然而，我们关心的问题是另外一个：体面社会需要什么样的官僚机构？到目前为止，对这个问题通常的回答应当很明白，即一种不会有系统地羞辱其管理相对人的官僚机构。我们把羞辱限

---

① 彼得原理（Peter Principle），一种认为一个组织内的雇员可晋升到他或她不能胜任并停留在这个水平上的理论。

② 帕金森定律（Parkinson's Law），作为经济定律提出的几个讽刺性公式之一，尤指"为补足工作时间而增加工作量"。

③ 《是，大臣！》(*Yes, Minister*)，英国政治讽刺剧。

定在"有系统地"一词上,目的在于区别两种不同的羞辱,即源自官僚机构自身性质的羞辱和基于少数恶劣官员的随意行为的羞辱,他们的行为败坏了整个组织的官僚作风。

回答我们的问题要涉及对官僚机构的三个层面的分析,即在定义上、道德规范上和实际层面上。例如,最伟大的官僚机构研究者马克斯·韦伯曾把官僚定义为一个在其职责范围内具有权威的人[36],如果我们把它考虑进去,就会遇到定义上的问题。韦伯把官僚分为办事员和管理人员两类,只有后者才在其职责范围内作为决策者而拥有权威。因此,韦伯认为只有他们才称得上官僚,即官方权威的代表。这种划分方法极大地限制了官僚的通常概念,因为前来机关办事的人恰恰与韦伯不认为是官僚的办事员打交道。我对官僚一词的使用与韦伯有所不同:我认为它既包括所谓决策者的官员,也包括各个级别的办事员。我使用的"官僚"一词,不仅包括公共财政供养的公共机构的工作人员,还包括经济体中垄断或半垄断性企业中的职员。换言之,官僚包括所有强加于(所谓"强加于"系指社会中的个人对他们无法选择,而在竞争或半竞争行业中他们可以选择官员)公众的官员。

为避免这种概念对我们的讨论产生不必要的影响,我们必须研究人们对官僚机构态度的变化趋势。官僚机构声名狼藉,最好的也只是被人视为一个不可或缺的恶魔,而且总是部分多余的恶魔。福利国家名声不好的主要原因之一是它对官僚机构的过分依赖。福利国家的运作基础是转移支付和在自由市场之外提供服务,这种国家从定义上就要求存在官僚机构,即一套文官制度来安排转移支付和为保障提供服务。官僚机构是社会民主的最大问题,这不仅是集权社会主义的问题,在社会民主中实现分配正义的理想需要使用一种令人不愉快的制度才是问题所在。

在官僚机构和一般的服务之间存在一个互动关系,而且对于福利服务尤其如此,削减官僚机构就会导致服务的削减。实际并不如此,因为绝大多数官僚机构都效率不高。所以,似乎削减官僚机构可能不会降低服务水平。但官僚机构作为一种社会现实并不按这种方式萎缩。为证明它们是必要的，往往是最伤及公众的部门（如医院、学校等）被精简。不仅如此，文官制度不是市场体系，它是建立在资历及与之相伴随的额外津贴之上的，工作人员按照后进先出法被辞退，而这种原则不是最有效率的标准。

上述这些评论皆属于陈词滥调，但却都是正确的。对基于官僚机构的社会的态度由一个极端转向另一个极端，从仇视官僚当局的极端转向对服务一旦被削减就产生抱怨的极端。第二个极端并不一定使官僚机构变得可爱，但它在某种程度上会减轻这种仇视。

困扰我们的问题不是官僚机构是否令人生厌，而是它是否包含着羞辱人的成分。人们对所有官僚机构屡次三番的抱怨主要针对它的机制质量。官僚机构建立在非人格的关系之上，因此官僚对个人及他们的苦难漠不关心，并且不考虑他们的个性和独特性。这种非人格的态度往往变成一种非人的态度，"对于官僚来说，人只是数字"或"办事员只看申请表，不看表后面的人"都是这种批评常见的用语。即是说，官僚被谴责把人看作非人，当作数字、表格或案卷，而这种以机器方式的看人态度从本质上讲是羞辱人的（参见本书第六章）。

最有意思的是，正是官僚机构机器般的性质，如缺乏个人态度，被韦伯视为它最伟大的资产。这是他对完全建立在个人好恶基础上的封建主义和不是建立在歧视性个人关系之上的威廉敏娜①式官僚制度进行比较后得出的结论。纯正的官僚机构可以避免封建意识，你无须讨好你不认识的人。

在官僚制度中，存在两种"按规则行事"。这两种方式都把官僚机构置于一个它不能取胜的地位——至少不是被人们感恩的。如果你的具体情况属于一个特殊的情况，而且你的问题需要

---

① 威廉敏娜（Wilhelmnia, 1880—1962），荷兰女王。

第十三章 官僚机构

予以特别关注，如果你不符合关于你的案子的规定标准的框框，那么你一定会对官僚机构不考虑你的特殊情况而感到气愤。规则坚持者——即坚持把你纳入普洛克路斯忒斯的床的官僚们——会令你勃然大怒。当然，你所需要的是对你的情况做有利方面的考虑。如你的特殊情况经仔细考虑后并未被批准，便在伤害之上又增加了侮辱。你不需要仅仅考虑你的特殊情况，而需要想得到的结果。然而，如果你完全符合规则中制定的标准，而且你有资格得到某种优惠，那么便没有什么比某些办事员行使自己的自由裁量权更使人恼怒的了。甚至该办事员表示（欺骗）对所办的事情有发言权也会激怒你，因为这种表示会迫使你必须附和他并对他给你实际上应得的东西的恩惠表示感激。

如果个人的态度不仅是一种好的方法和友善的行为，而且也涉及超越普遍规则的任意裁量权，那么就不应批评官僚缺乏个人的态度。从体谅他人的意义上出发，个人的态度并不能保证仁慈的态度，不给办事员任何自由裁量权的规则会比仁慈更加公正而且更加基于权利。但是如果规则本身并不公正，甚至是恶法（如纽伦堡法案），那么为了受害者的利益而废除它则有百利而无一弊。一个既有恶法又有腐败官员的社会好于既有恶法又有严格执法的官员的社会，通过行贿实现个人私下接触要好于执行歧视规则中的非歧视态度。但是，对付邪恶政府的这种方法不能过于泛化，因为腐败官员必然更加虐待那些没有贿赂手段的不幸的人。所有好的政治体制都是相同的，所有不好的政治体制都有所不同。邪恶没有泛化的空间。

韦伯致力于把封建主义和官僚机构之间的区别视为治理的两个不同的理想类型。在封建主义条件下，司法、经济和组织的作用被同一人所把握，没有专业化和职业化。封建的行政机关靠特许权而不靠薪水来供养。与此形成鲜明对照的是，官僚制度在普遍效力的规则方面优于封建主义（黑格尔因此认为官僚制度包含着保障普遍利益）。换言之，规则面前社会成员人人平等，官僚制度不是建立在人际关系之上而是建立在角色和规则之上。

如上所述，所有这些都反映了官僚机构和封建主义这两种理想类型的真谛。韦伯从来不认为会有"封建的官僚机构"这种畸形组合的可能性，即命名学（nomenclatura）意义上的政府，这种政府不关心不是"自己人"的人，但对"自己人"的特权却非常人性化、考虑非常周到。它是一种类似于中世纪部落式的行政制度，这种制度下，职务低的官员依附于职务高的官员，像臣属一样忠实于他们。一个封建的官僚制度就是分别按人际关系和非人际关系两种原则行事的创造物，两种原则结合在一起构成非人的关系。

羞辱的实质是按非人的方式对待人。把人当作动物、物品或机器来对待，这是一种已被接受的提法，表示按非人的方式对待人。官僚机构又提出了一个新的提法——把人当作数字或申请表来对待。这两个新的提法，加上把人比作机器，构成人被当作非人来对待的现代提法。即是说，一种现代的羞辱类型，其表现形式就是把人当作数字。这一形式的最极端例子表现为纳粹官僚机构在集中营的囚犯手臂上刺上标签。一个人的名字就是他身份认同的标签，人与名字融为一体。使一个人为他的名字蒙受耻辱是一种严重的羞辱行为。有系统地拒绝一个人与他的名字相联系，是一种抹去他人性身份认同的标签的行为。当然，用32号隐喻魔术师约翰逊①或者用33号代表大鸟②，则可以是一种至高无上的荣誉的表示，因为这些运动服号码在篮球"粉丝"的眼中已经成为他们专门的象征。然而，用一个人在监狱的号码来代替一个人的名字，却纯属一种把他排除出社会的行为，会意味着把这个人排除出人类大家庭。这就是把人当作数字的含义。

作为对这个问题的一个答复，有人也许会认为：这不是一种

---

① 魔术师约翰逊（Magic Johnson），美国湖人篮球队前队员。
② 大鸟（Larry Bird），拉里·波特，美国波士顿凯尔特人篮球队队员。

把人当作非人对待的新方法。把人当作非人对待可以被看作一种把人当作动物的表现，因为人工饲养的动物身上都贴着号码标签。二者相比，它可以被视为一种把人当作机器对待的表现，因为汽车也是按车牌号码来认定身份的。

我们的观点是：把人当作数字对待是把人当作非人对待的另一种表现。为把精力集中在这一观点的核心上，我们必须区别排斥和不认同两个概念。这一区别可能不会被所有的人接受。[37]

被当作号码来对待这种感觉，可以表示一个人感到他宝贵的素质未得到认可并且被当作没有名字的人对待。即是说，把人当作号码对待，会是缺乏认同的表示，它伤害人的自豪但它不构成羞辱。然而，我关心的是把人当作号码对待的一种更激进的表示，即表示把这个人排除出人类大家庭，从而公开侮辱他的尊严，因此而构成羞辱。

如果一个人被要求填写一张表格，在这张表格中他被要求把自己归入一种不包含任何对他有价值的东西的中性类别中，那么这种要求本身会使他感到受到了侮辱，而且他会产生一种被当作号码对待的感受。但我所感兴趣的是涉及羞辱而不是涉及侮辱和不认同的情况。号码是识别标签，因此对于现代社会的运行至关重要，包括护照号码、身份证号码、社会保险号码、司机驾驶证号码，等等。

在前现代的社会中，给人编号的概念本身往往被看作禁忌，可能是因为它被视为会招致狠毒的目光，或者因为它被视为把人当作非人对待的一种表示。牲畜可以被编号，但牲畜不是人。因此，圣经告诉人们，大卫王因曾试图进行一次人口统计而犯下一项罪恶，结果给人的身体上留下一块色斑（撒母耳记 II - 24）。在传统的社会里，这种情况也许是真实的，但在现代社会中，如果没有编码和识别标签，我们很难生活。

把一个人转变为号码，意味着把一个识别标签改变成一种强制性的身份认同，这种情况发生在一个人或一个群体被社会组织认可的唯一的身份认同特质是号码标签之时。例如，如果监狱当局把囚服上佩戴的号码作为代表某个囚犯的唯一方法，那这个囚犯就真的被当作号码对待了。在他所创作的戏剧《被编上号码的社会》中，伊莱亚斯·卡内提这位现代生活中非人性化的敏锐鉴定家描写了一种虚拟社会，在这种社会中，号码成为统治人的生活的标签。人们每个人脖子上挂着一个胶囊，里面记着一个号码，这个号码就是表示他们注定要死亡的日子的数字。50号先生起来反抗并发现这些胶囊实际上是空的，他所发现的数字标签与这些人的真实特质无关，甚至与他们被注定要死去的那个日子也不相干。数字识别标签只是根据一个人在某个剧院的座位号而不是根据识别这个人的实际特质来编排的。数字标签可以用一种没有身份认同感的方式来识别佩戴它的人。当数字标签被用于取代身份时，它就是一种把人当作号码对待的表现了。

然而，把人当作号码，不管这种对待人的方式是一种传统陋习，还是一种把人当作非人对待的新的表现形式，也不管这种方式是把人当作动物还是机器，官僚机构都注定会被看成羞辱人的，因为它把人当作号码对待。对于我的体面社会来说，不妨看看官僚机构的实际运作方式。方法之一就是研究它在福利国家中的作用。

第十四章 福利社会

对于福利国家和福利社会在增长的现象,无论是它们的意识形态源泉还是其实际背景,都已成为很多人详尽研究的对象。[38] 福利社会思想具有折中主义的特征,这说明福利之河的源头必须到许多细川中去寻找,包括基督教徒、社会主义者和中央统治论者(俾斯麦①)。这些理论经常导致福利社会的特征在概念上相冲突,特别是导致对这样一种社会的必要性的合理性解释之间相冲突。一部分思想家已经解释了提供福利需要的合理性,认为它是保护资本主义制度的需要——为经济竞争中的输家提供一种社会安全网。否则,他们会破坏经济制度。与之相反,也有一些思想家把福利国家视为社会主义的现代形式,与把某些重要的领域(如医疗、教育和养老金)非市场化的市场经济制度相适应。

我对福利社会的兴趣集中在它与体面社会的关系这一问题上。根除对英国《济贫法》(Poor Laws)所指的对穷人的贬低态度的必要性,是福利思想的历史渊源。英国的《济贫法》自伊丽莎白一世以来的每次修改,都限制那些寻求免费午餐的人对福利的滥用,而羞辱在这个过程中起到了重要的作用。它的指导方针是:向人们提供慈善面包会鼓励懒惰和令人讨厌的对

---

① 俾斯麦(Bismarck,1815—1898),德国政治家,德意志帝国第一任首相。

社会的依赖,以一种特别羞辱人的条件来提供救济可以控制懒人寻求救济。能够接受这些贬低人的条件的人都是没有任何选择的人。"无赖穷人"一词就表示对赤贫者的深度怀疑,它不仅仅是在没有路灯的社会中流浪的乞丐的恐怖主义的一种残留。这种怀疑的理由是认为穷人应对自己处境负责并应受到谴责,认为有必要把实际上有能力工作、骗取救济的穷人与确实无法改变其贫穷处境的真正的穷人区分开来。乔治·兰斯伯里①在第一次视察他准备担任托管人的救济院后写道:"已经尽一切可能造成精神上和道德上的贬低"[39],穷人想进救济院需要进行审查,而真正应当接受审查的,用约翰逊博士的话来说,是整个社会。"对穷人体面的关心是对文明的真正考验。"[40]

我把讨论转弯到狄更斯的世界,这不是一种与当今世界不合拍的拟古主义。所谓假穷人,只是一些把吸血鬼般的头伸进公共口袋里的懒惰剥削者。不相信他们,也是反对福利国家和那些需要福利国家的人的表示。让缺乏生活必需品的穷人接受羞辱人的资格审查,这种想法并不完全是过去的事情。狄更斯描写的现实也许已经从发达的福利国家中消失了,但把羞辱人的审查作为对伪报的威慑的想法依然存在。

我已经介绍了建立福利社会的历史动机之一,即为了摒弃用羞辱人的方式来救济社会中靠施舍生活的穷人。但对福利社会的一种抱怨则认为,福利社会也是羞辱人的,它不仅不能阻止羞辱,实际上反而通过其自身的制度去制造羞辱。福利社会使依赖它的人丧失自尊,他们愿意出卖他们生而俱来的个人自主权和骄傲来换取从公共食堂得到一碗扁豆。只有家长制的社会才肆无忌惮地用自己的权力取代人民自己对自己利益作出判断的权力,这是一种使穷人的二等公民身份永久化并赋予他们非成年人的实际地位的社会。所以,我的结论是:体面社会肯定不是福利社会,

---

① 乔治·兰斯伯里(George Lansbury),英国工党领袖。

因为福利社会具有贬抑人的尊严和社会地位的性质。

在我们面前有两种互相冲突的观点：一种观点认为，福利社会是体面社会的必要条件，因为只有福利社会才有力量根除使一个社会丧失体面社会资格的组织的羞辱；另一种观点却认为，福利社会本身就是贬抑人的尊严和社会地位，它的羞辱是组织性的，因此它不是体面社会。

让我们先来讨论福利社会是体面社会的一个重要的补充观点，这一观点的论据是福利社会能保证不出现贬抑人的尊严和社会地位的生活条件（如贫困、失业和患病）。这一讨论的相当一部分集中在贫困、失业和患病是否真的属于羞辱人的生活条件这个问题上。我们必须时刻牢记：在福利社会中，我们目前的关注只限于它阻止抑或助长羞辱这个问题。

贫困与羞辱

我们首先应区别福利国家和福利社会两种不同的概念。福利国家是一种国家本身就是福利服务提供者的社会，而福利社会则是一种由志愿者或准志愿者组织来提供这些服务的社会。例如，以色列就是一个福利国家，而英国托管时期在巴勒斯坦的定居点就是一种福利社会。我们要讨论的只是福利社会，但说明这个问题的最合适的方法则是使用福利国家的例子。

羞辱并非一定是一种羞辱意图的结果，它可以来自组织或个人所造成的生活条件。反通货膨胀货币政策会引发经济萧条导致失业增加，这种结果是预先设定的，但经济萧条也会只是（在绝大多数情况下）出乎某个经济行为所意料的后果。福利社会的目的是不仅要减少故意的羞辱，还要改善贬抑人的尊严和社会地位的生活条件，如失业，这通常不是预先设定的结果。

并不是所有人的贫困都是羞辱的起因，问题是我们如何判断人的贫困的生活条件在什么时候应被视为羞辱人的。对于某个势态或生活条件（即势态是人类行为的结果但它无意羞辱任何人）在什么时候可以被称为是羞辱人的这个问题，贫困是最具代表性的测试方式。因此，我们应关注贫困本身是否羞辱人。

问题不是穷人是否感到被羞辱，而是他们是否有充足的理由感到被羞辱。赤贫可以麻木人的尊严和社会地位被贬抑的感受，但这不意味着穷人可以被羞辱。我引用海伊姆·纳曼·比亚里克[①]的一首诗来讨论这个问题。诗虽然不是观点，但它可以转化为一种观点。比亚里克在他著名的诗篇《寡妇》中为他自己守寡的母亲的贫困而感到痛苦，在对贫困的绝妙的描写之中，整个诗篇暗含了一种观点。

诗人比亚里克坚信贫困会羞辱人，"因为人的伟大受到玷污"。他甚至挑战上帝："上帝怎么会眼睁睁地容忍他在人间的荣耀变成毁灭的魔鬼！"人的尊严被描绘成上帝按自己形象创造的，这种尊严已经被摧毁了。贫困会羞辱人，这首诗所表达的正是这一观点的加强语气的版本。不过，根据贫困羞辱人的观点，比亚里克还描写了贫困的特征：

> 她突然出现在房屋的废墟和她生活潦倒之上
> 上无片瓦，身无分文，没有避掩，没有保障
> 孤独一人，没有自我保护的手段，被她的灵魂和失败所抛弃
> 一个像她一样的人虫中的蛆虫，她们是伤心的、是受压迫的
> 饱受苦难的女人，不幸的女人
> 形象丑陋，面容狰狞

[①] 海伊姆·纳曼·比亚里克（Hayyi Nahman Bialik, 1873—1934），希伯来诗坛巨擘，因写下了体现犹太人愿望的诗篇而使现代希伯来文成为诗歌表达的灵巧工具。

第十四章 福利社会

……
仁慈和怜悯被剥夺，母亲和妻子的形象荡然无存
一伙残疾的暴民，被捕食的老鼠吼叫所激怒
为偶然扔在他们面前的每一根被打断的骨头，和每一块腐烂的肉而进行殊死的抢夺。

贬抑人的尊严和社会地位的贫困，其表现形式为衣不蔽体、居无住所；"孤独并缺乏自我保护的手段"，即彻底的弱势和无助；一事无成；为生存而斗争，即一场为一根骨头狗咬狗的战斗；在为生存而进行的殊死的抢夺中被降低到畜生层次；失去女人和母亲的样子，没有能力为自己的孩子提供食物。所有这些都与污秽有关联：丧失正常的生理外表，对生活失去兴趣和欲望；无理粗野，对与其生存形成竞争的人"满口污言秽语"，在受难的妇女中缺乏基本的姐妹之谊；受到偶尔扔给破骨头、烂肉的人的羞辱，他们没有怜悯心和同情心，好像正在扔一根骨头喂一条无家的狗。

早期的基督教对贫困的认识与将贫困视为羞辱的观点相对立，它把即使是最贫困也视为一种经历磨难而变得高贵，"（对穷人说）天国是他们的"（《马太福音》5：3）。这一思想认为物质上的占有会阻碍人实现其成为一名灵魂拥有者的崇高使命。贫穷意味着从所有物质主义的诱惑中解放出来，并因此得到升华而不是堕落。社会要解决的问题不是如何通过消灭贫困来消灭羞辱，而是如何把羞辱从贫困中抹掉。

至于消灭贫困本身的可能性，基督教和犹太教都面对互相矛盾的版本。在《圣经·旧约·申命记》中，我们发现在同一章（第15章）中表达了两种观点：一方面，指导虔诚的清教徒和维多利亚时代宗教的观点被表达为（第11节）"因为穷人是不会从你国中断绝的"；另一方面，第4节表达了"一个没有贫困的社会是可能"的观点，即"你中间就不至于有穷人了"。

崇高的贫困需要两个条件：穷人没有家庭责任和贫困是自愿的。无论在基督教还是在佛教中，贫困都被看作男僧女尼的财产。对贫困的重新评价，从抹掉羞辱的意义上讲，必然局限在自愿的贫困和无子女的贫困方面。

　　将贫困重新评价为高贵，与愤世嫉俗形式的斯多葛哲学的态度相似。我在本书开头所介绍的斯多葛哲学对羞辱的态度，或者（更准确地说）斯多葛哲学认为奴隶制度不羞辱人的观念，也是崇高贫困的概念。

　　贫困的概念是相对的。美国加利福尼亚州的穷人在印度加尔各答市可能会是中产阶级。但是，贫困并不等于处于最低收入线以下，贫困与收入分配没有关联，但与最低生存条件这一社会概念有关。最低生存条件和"过一种人的生活需要什么"这个社会概念联系在一起，它反映每个社会中占主导地位的人性概念，也折射出社会中经济层面的公民资格的门槛概念。

　　到目前为止，我一直把自豪与自负的概念区别开来。但如果为自豪设定一个门槛，这一区别就很难继续维持下去了，特别当贫困被看作一种失败时——其痛苦的作用在于贫困会剥夺穷人选择有价值的生活的权力。赋予某种生活方式以价值，并不一定把它认定为首选的生活方式，但它至少是一种人所尊重并认为有价值的生活方式。贫困封锁了人们认为有尊严的生活方式。此外，还有一种认为贫困是彻底失败的结果的感觉。

　　把失败的责备扔到穷人窄窄的肩膀上，在《济贫法》中是一种自以为有道德的表现。然而，导致福利社会出现的对穷人的态度转变，却源自于"穷人应当对自己的境况负责"这种思想：资本主义经济中的企业界让太多的人失业，其目的在于让人们相信他们的贫困是懒惰和酗酒的结果。

　　把大量的人招募进国家军队中也会导致对穷困的新兵的态度转变，这些人会突然被看成在战争方面有作为的人。贫困是道德缺失的结果，这种观点的说服力虽然正在减弱，却仍然存在着且

第十四章 福利社会

已成为射向福利国家的一支毒箭。

贫困通常源自穷人的失败,这种观点不但没有合理性解释,还损害了穷人的社会荣誉。但为什么"一个人的贫困意味着失败"这种观点会贬低一个人作为人的尊严呢?即使不研究它对一个人的人生道路的极端重要性,这种失败无论是否有理由,都会妨碍这个人(至少是暂时地)实现他的首选生活方式。但这种失败无论有多么让人讨厌,我们都没有理由拒绝把这个人看作人。对失败的人的任何重新评价,无论是由社会还是由他本人来进行,都属于对人某个特征甚至是某个很重要的特征的评价。但是,把贫困视为失败则隐喻着从整体上将这个人等同于无价值的人,等同于连生存的最低需要都无法保障的人。把贫困视为对连穷人自己也看作毫无价值生活的封锁,会使他们把自己也视为毫无价值,似乎他们连过上甚至在他们眼里也毫无价值的生活的能力都没有。彻底的失败必然会被看作做人的失败,而不仅仅是在某件工作上的失败。责备失败,如果没有正当理由,就会特别残酷和恶劣,因为它也羞辱人。

我的结论是,贫困会羞辱人。创建福利国家的目的在于消除贫困或者至少消除贫困的某些羞辱人的特征。福利国家试图在这个方面区别于慈善国家:慈善国家依赖怜悯,把怜悯作为鼓励人向穷人施舍的情感。

怜 悯

在慈善社会中,穷人可以得到施舍,贫困是一个重要的问题。施舍有的是直接的,有的则是通过公共但以自愿的方式征集的。推动慈善社会的情感是怜悯,但它不同于用来说明其合理性的情感。福利国家的创始人想用它来消除把怜悯感作为救助贫困的动机和合理性解释。

穷人因怜悯而得到救济。虽然救济并不完全来自怜悯，但怜悯在提供救济中起到很重要的作用。拉比①在评论托拉②时，试图减轻挨户乞讨的羞辱人的特征，他们说："上帝与穷人站在门口。"（《利未记》注释）但减轻羞辱的努力即使在施舍者自愿的情况下都没有成功，乞讨的基本状况就羞辱人。相反，慈爱被视为一种崇高的情感，慈爱的品质被看作人的一种高素质。慈爱品德是属神的13个品德中的第一个品德（参见《圣经·出埃及记》34：6—7），而且在犹太语教的祈祷中，主被称为"慈爱的父亲"。一方面，慈爱是对施舍者品质的提升；另一方面，慈爱对接受的另一端却具有羞辱性，二者之间的紧张关系很明显。这种紧张关系是慈爱与生俱来的，因为慈爱在怜悯和同情之间来回摇摆。

尼采是对怜悯情感进行重估的有力的鼓吹者[41]，他对怜悯作为一种道德情感的批评在针对慈善社会的批评中具有特殊的分量。福利社会试图不依赖怜悯来回应慈善社会致力于解决的问题。当尼采号召重估一切价值时，他并未仅仅提出用新的价值来取代原已被接受的价值，而是提出对一阶价值进行二阶重估，即价值翻转。价值重估的标准是它对人的自我完善是强化还是弱化。这是理解尼采对怜悯道德的批评的切入点。尼采认为，道德必须从个体为自我完善而采取的一种反思态度开始，个人只有真正在乎自己的真诚，才能做到对他人慷慨。由怜悯产生的那种道德会导致个人偏离自我而走向一种针对他人的感情用事的行为。按照尼采的观点，感情用事这种情感缺乏残忍，而残忍则是清醒地认识我们如何才能真正地帮助别人所必需的。利他主义的反面不是利己主义，而是自我完善。完善自我需要个体改变他对其已接受的骄傲概念的价值观，他必须抛弃这些已接受的概念，以获

---

① 拉比（Rabbi），犹太学者。
② 托拉（Torah），希伯来圣经。

得一个适合于尼采所称为的超人（Übermensch）的骄傲概念。

尼采并不是第一位批评怜悯情感的人。斯宾诺莎①比他早很多[42]，他提出：怜悯情感建立在形而上学的幻想之上，恰似一个人不会怜悯幼儿不会说话，人因此不应该怜悯他人的缺陷。这类缺陷是阻止这名幼儿说话的无法避免的一种命运的结果。但在我们的讨论中，尼采是怜悯情感的中肯的批评家，因为他把怜悯情感与人的尊严进行了比较。问题在于尼采把怜悯与一种错误的人的尊严（超人的荣誉和骄傲）进行了比较，而我们讨论的荣誉概念是现实中的人的荣誉。对于我们所讨论的内容而言，重要的问题是："怜悯穷人有什么错？""如果这种情感能够有效地激发人去帮助危难之中的人，它有什么不对？""为什么怜悯这么不好以至于体面社会不要建立在出于怜悯而帮助别人的基础之上？""当他人怜悯你时，你是否有充足的理由认为自己被羞辱了？""你因某个问题而被怜悯，这个问题肯定使你很难受，但为什么你还认为自己被羞辱了？"

怜悯的关系不是一种对称的关系，在怜悯的情感中隐含着一种优越感。"不幸的事发生在你身上，但不会发生在我的身上。"恰恰是这种不对称，使怜悯不同于同情。同情有可能是一种对称关系。当某人出于怜悯而做出一次慈善行为时，一个隐含的假定条件就此发生：这一行为的受益人应该表示感谢。怜悯感没有给施舍者也许将来自己也会需要怜悯的可能性留下空间；相反，施舍者在心里一定认为他与生俱来地比他正在怜悯的人要优越。他的怜悯来自于一种他会受到保护的观点，似乎麻烦和灾难不会找上他。如果施舍者不是出于这种受到保护的观点，关系的性质便从怜悯转变成同情。我对"怜悯"和"同情"这两个概念的区别原则不是普遍成立的：这两个词往往互相借用，但这种区别非常重要。

---

① 马吕赫·斯宾诺莎（Baruch Spinoza，1632—1677），荷兰哲学家及神学家。

怜悯的接受者有充分的理由怀疑他们没有得到尊重，因为激发怜悯的动因是无助和弱势。人如果还具备控制自己的能力，那么即使他们处在严重的危难之中，也不会被怜悯。怜悯的对象是那些丧失重要的自豪资源、接近于丧失捍卫自尊的手段的人。

尼采这位对怜悯具有敏锐眼光的批评者主张：这种情感应当指向人的动物本性，指向人和动物共有的本性。怜悯不完全基于人的特征，人之间的怜悯与人怜悯痛苦的动物（一条狂吠的狗、一只饿得直叫的猫、一只被关进笼子里的麻雀）的方式是相同的。简言之，怜悯主要是对生理痛苦的一种反应。怜悯这种感情用事式态度，被怜悯的穷人就像眼露忧伤、被套住的马儿一样，成了无辜的化身。感情用事欺骗情感，把它的对象作为没有自己的意志和人格的无辜的化身。怜悯的坏处之一也是一般情况下感情用事的坏处：二者都从道德上扭曲了其对象的本质。

"虔诚"和"怜悯"这两个词的英文都源自拉丁文"pietas"，但它们在英文中却在语义上有所区别。虔诚属于一种宗教情感，它包括无条件地对他人承担义务（特别是对受难者），这种义务的出发点是一种真诚的宗教意识。宗教的观点是：真正的正义社会建立在虔诚而不是怜悯之上，即建立在对穷人的义务而不是对穷人的恩赐态度之上，而这种义务是从人对上帝的义务中派生出来的。尼采未能领悟到这种情感，对于宗教人来说，它似乎是尼采的一个错误而不是一个情感方面的问题。

当然，尼采也许不会接受虔诚和怜悯之间的区别。然而，无论尼采的立场会怎样，我的任务则是把体面社会建立在人道主义的假定之上，建立在虔诚基础上的正义社会不能满足这一条件。

概而论之，福利社会试图在两个层面上消灭来自于怜悯的羞辱，第一个层面是：它试图消除贬抑人的尊严和社会地位的贫困生活条件或者至少在较大程度上减轻贫困；第二个层面是：它试图消灭贫困本身，但不采用侮辱和怜悯的羞辱人的动机，即引发慈善社会的情感。

福利社会——羞辱人的社会

奥地利学派的第二传人米瑟斯①并不熟悉福利国家,但他对声称要取代福利国家的慈善社会中所包含的羞辱人的成分却十分清楚:

> 穷人对向他们表示仁慈没有合法的诉求,只得依赖于乐善好施的人的仁慈,依赖于被他的不穷困所激起的亲切感。他所收到的是一个自愿的礼物,他必须为他表示感谢。做一个依赖施舍生活的贫民令人耻辱也受人羞辱,对自尊的人而言,这是一种无法忍受的条件。[43]

但是,米瑟斯不相信,采用福利国家的官员来取代施舍者可以矫正这种弊端。他发现,福利国家和慈善国家对穷人的羞辱存在着一种不分胜负的平局关系。我们希望弄清楚,在慈善家和官僚之间、在慈善社会和福利社会之间,竞争最终是否真的不分胜负,或者是否福利社会既不能改善也没有恶化慈善社会中与生俱来的对贫困的羞辱。

把慈善家与作为慈善社会和福利社会代表的官员分别进行比较后可以看出,福利社会基本上是官僚政治。因此,对福利社会的指责绝大多数与对官僚制度潜在的羞辱的指责如出一辙。倘若福利社会本质上真正是官僚政治,那么我对官僚制度中羞辱人的成分已经做过的分析便没有必要再重复了。前面的所有分析均适用于福利社会。

我们已经讨论了"福利和官僚机构之间是否存在必然联系"

---

① 路德维希·冯·米瑟斯(Ludwig von Mises),20世纪著名思想家,美籍奥地利裔经济学大师。

这一观点。福利社会致力于用非市场机制来改善残疾人、老人、失业者和穷人的境况，因此，它需要一个不受市场左右的机关办事员队伍，由这些办事员负责向穷人提供服务和转移支付。于是，官僚机构被带进了福利社会的架构之中。"官僚制度"和"机关办事员队伍"这两个词放在一起，让人联想到坐在办公桌后喝咖啡的办事员组成的机构的全貌。但是，在福利社会中，照顾穷人的人还有其他人，如护士、社会工作者，等等。当然，这种现象只有在服务本身也由福利社会来提供并且福利社会不完全由机关办事员组成的情况下才存在，即向穷人进行转移支付并让他们自己在市场上购买服务。服务范围有限的福利社会并不一定限制它给穷人的钱的数量。在这类社会中，官僚制度概念是狭义的，只包括官员。完全建立在转移支付基础上的福利社会，其官僚制度的作用要小得多，但如果完全没有官僚制度，它也不能生存。

　　福利社会的问题在于其官僚政治的性质，它减损了需要服务的人的自尊。但对福利社会的批评远不止这些。批评集中在福利社会羞辱人的特征，认为它削弱了穷人的自主权，把穷人变成由公共财政喂养并且再也不能自食其力的寄生虫。福利社会提供的钱在穷人的眼里是白来的，他们不用为它付出劳动。所以，他们有强烈的动因鼓励自己继续不自食其力而依赖福利服务。由于他们已经因接受这些服务受到了羞辱，他们便觉得也可以享受他们被羞辱的"红利"。

　　福利国家就这样剥夺了穷人决定自己事情的能力和权力，把应该表达个人自主性的决定权交给了"家长"官员。尽管如此，这样批评福利国家的人也承认，用转移支付来代替提供服务本身，要比一般的福利社会的羞辱程度弱一些，因为它可以使穷人能决定自己的生活。

　　我反对这种观点，因为穷人不仅仅需要收入的补充，他们所需要的是特定的服务和产品。贫困往往是与一种贫困文化相伴而

第十四章 福利社会

行,表现之一就是穷人需求的优先次序并不反映他们真正需要的东西。典型的批评是,穷人肯定会把领到的救济花在喝酒上而不是他们孩子的医疗保健方面。一种负收入税增加了贫困文化成员的消费,但却没有增加他们因此而贫困的物品的消费。贫困文化所消费的,如毒品和酒精,对自主性的损害程度,大大高于好心的社会工作者所进行的家长式的干预。

在对穷人的家庭的讨论中,我触及到一个特别重要的问题,即在讨论人的尊严时,我们往往把社会看作由自己为自己做主的个人所组成;而实际上,一个家庭一般由家长一人做主。剥夺家长的一部分自主性才可能会确保家庭其他成员拥有更多的自主性。

上面所讨论的两种互相抵触的观点,其论据来自于我们所着迷的福利社会。这很容易误入歧途,很容易把福利社会与它所关注的人混为一体。一方面,好心的社会工作者无条件地为他们所照顾的家庭热情服务;另一方面,监管当局在夜里粗暴地闯入单身母亲的家中检查床下是否藏着一个男人。

绝大多数的问题都是真实的,我丝毫没有添油加醋。我所提出的比较慈善社会和福利社会之间羞辱人的特征的方法,是研究这两类社会的纯正的类型而不是它们的实际表现。所谓纯正的类型,意指不仅包括人的类型,也包括与福利社会对立的指导慈善的原则。我们必须牢记,被我们与福利社会联系在一起的官员不仅仅只有这种类型的社会才有,传统的慈善社会也往往是由委任的官员来运作,而不是志愿者或民选产生的慈善募集者。大城市中的穆斯林慈善团体、教会施舍募集会以及传统的犹太社会中的慈善基金会都带有相当程度的官僚结构色彩。即使钱款的募集也不完全建立在自愿捐赠的基础之上,而是一种利用强权迫使人分摊的税收,与募捐的动因出于社会压力(比如以可能造成经济损失的逐出教会的形式)或者组织的处罚没有什么区别。

所以,必须关注这两种社会在帮助穷人时的指导原则。纯正的慈善社会建立在仁爱原则之上,而福利社会则建立在资格原则之上。我认为,一个根据他们享受资助的资格来帮助穷人的社会,无论资格标准如何,羞辱程度通常要低于建立在仁爱基础上的社会。我们曾经提到,我们所讨论的是这两类社会的纯正的类型而不是它们的实际表现。就纯正的意义而言,福利社会应该比慈善社会的羞辱程度低。但是,认为慈善社会靠仁爱原则来驱动也并不意味着慈善实际地来自于仁爱。因为它不是一种义务,而慈善是传统慈善社会的重要义务之一,它的理念是:即使施舍者是在尽义务,接受者也是作为礼物而不是一种权利来接受它。换言之,义务与权利不相关。

慈善的悖论

上一节也许给读者这样一个印象:即慈善社会和福利社会只区别于施舍者的动机——是由含有优越感的仁爱来驱动,还是由一种对有资格获得救助的穷人的责任感来引导。在基于权利的福利社会中,当官员把接受者有权获得的救助当作仁爱的表示来给予时,救助的接受者便受到了羞辱。福利社会当其官员按照慈善社会的道德规范来对待穷人时便羞辱了他们。我们感兴趣于对纯正的两种社会进行比较。于是,问题在于我们能否想象出一个仅基于提供救助而不羞辱接受者的纯粹动机(通过对他们福祉真诚地关怀)的慈善社会。如果这种慈善社会是可能的,那么,以一种羞辱人的方法来提供救济只是一个扭曲,即对其真正本性的扭曲,我们已经提过,是对纯正的慈善社会的一种扭曲,而不是慈善社会的规范行为的统计偏差。我们所应当做的是研究纯粹意义上的慈善,而不是以自私自利、自以为是的面貌出现的慈善。

那么,一个建立在纯粹的仁爱之上的慈善社会比一个尊重穷人尊严的福利社会更有能力吗?一般而言,福利社会的运作

第十四章 福利社会

基础是对它通过税收获得的资源进行再分配；而纯正的慈善社会则靠自愿捐助来运转。乍看起来，似乎这一事实足以使慈善社会在道德上优于福利社会。福利社会的伟大学者理查德·蒂特摩斯①正在研究一个如何给穷人他们所需要东西的模型，他使用了血库的社会组织的例子。[44] 换言之，蒂特摩斯的慈善社会模型来源于纯正的社会。献血的行为比卖血的行为要高尚无数倍，然而，需要血的人在接受出于仁爱所献的血时并不认为他自己被羞辱了。因此，献血是最典型的慈善社会的一个例子，而这种捐献要胜于任何一种对一个人的帮助。如果接受献血不羞辱人这种观点，那么，我们必须因此而认为接受钱的捐助也应当被穷人视为同样值得尊重。

反对的观点认为，不能用献血的例子来推定在福利社会中捐钱也不羞辱人。这种观点称，献血与捐钱或相当于捐钱完全不同，血的接受者与钱的接受者不一样，他不会去积攒血，献血者也不会怀念它。在血的例子中，不存在任何贪婪的成分，一个人身体里拥有更多的血并不能带来社会特权，献血与捐钱所分别带给穷人的意义便因此截然不同，接受者不可能浪费或把血用于其他目的。献血者与捐钱者完全不同，除了成为血的主人外其他什么也得不到。当然，他也许会考虑去卖血，但他在考虑这种可能性时并不认为自己在血上有过投入。献血者视自己为了拯救生命，献血有一种直接的引人注目的影响；而捐钱给穷人却没有这种效应。但问题的核心在于：献血者很容易地认为自己某一天也需要他人的血，而捐钱者则不容易认为自己某一天会需要别人向他捐钱。

此外，除了捐献行为本身的区别外，从制度运作的模式看，献血也不是慈善社会一个最好的例子。在某些国家，献血被看作一种保险，需要输血的患者的家属和朋友要按照患者需要的血量

---

① 理查德·蒂特摩斯（Richard Titmuss），英国社会学家。

献血。在捐钱的情况下，就不存在类似的可能性，因为穷人的朋友也像他一般贫困。这一观点的结论是：献血不能对我们应当以什么方式向人提供资助给予任何启示。

然而，我们也可以反驳这一反对的观点。我们可以主张，正是献血给予我们一种启迪，让我们联想到体面社会中可能有一种捐钱的社会范式。我们的论据是：为了献血或接受输血，人必须克服根深蒂固的偏见，如所有与血关联的迷信、宗教及种族偏见等。与血相关的偏见也关系到荣誉和羞辱。卡斯蒂利亚①贵族曾傲慢地宣称他们拥有贵族血统（sangre azul），即未掺杂犹太人和穆斯林的黑色血液（dark blood）。作为证明，这些贵族还展示了血色皮肤下蓝色的血管。

然而，卡斯蒂利亚的蓝色血统如今已成为久远的历史，现在让我们回顾近代历史。就在第二次世界大战期间，国际红十字会还在继续把白人的血和黑人的血加以分隔。我重提这些事实的目的在于重申血库必须逾越的偏见。与血有关的思想根深蒂固、寓意深邃，往往涉及部落、家庭甚至民族的血族关系等概念。但是，奇妙中之奇妙的是，献血行动如今已成为全世界性的，血型的生物学成分是唯一要考虑的区别。当我们考虑这些说明以往的偏见是如何被克服的事实时，我们应当更加坚信，献血是不羞辱人的社会慷慨的一种典范，完全可以被其他与慈善有关的领域所仿效。

至此，我们已讨论了两种观点：第一个是关于施舍的动机问题，特别是纯粹的利他主义动机（没有自以为是的慷慨）的可能性；第二个问题与第一个有关，是献血能否作为纯粹的慈善（无羞辱、自愿和慷慨）的典范问题。

慈善的悖论由以下难题组成：慈善如果出于良好的动机来提

---

① 卡斯蒂利亚（Castillia），西班牙历史上的一个王国，由西班牙西北部的老卡斯蒂利亚和中部的新卡斯蒂利亚组成。

供（或者最好不使用不良动机予以提供）会更好？良好的动机是与别人的福利联系在一起的，而且不带有任何自私的色彩。捐助者资助穷人的目的纯粹是对他人的关怀，不谋求任何回报。善有善报。我们所称之为不良动机的，是指反映捐助者出于自我利益的考虑（如善待的回报）而资助穷人，这即是一种不良动机，因为它利用了别人的痛苦来提高自己在别人眼中的地位。

这个观点乍看起来颇为简单：出于良好的动机优于出于不良的动机。从捐助者的角度看也确实如此，但我们的问题在于：从受助者的角度如何看待？对于受助者而言，哪一个更好？是接受出于良好动机的慈善还是接受出自不良动机的慈善？

站在受助者的立场，如果从有自私动机的人那里接受慈善，他们接受礼物的这一事实本身就向捐助者提供了自私的满足，因此受助者不需要觉得他们对捐助者有所亏欠，他们可以不得已地表示感谢，但他们却不感恩。受助者只会对仅仅出于对他关怀而捐助的捐助者表示感激。捐助者不能真正地要求感谢，因为他不是为了接受它而产生捐助行为的；但受助者本人则不得不感激，他们从捐助者的慷慨中受益了。与出于自私自利来捐助的捐助者相对，受助者处于一种只需说好听的话即可回报他的境地；与此相比，怀着感激之情却没有能力回报，这种境地贬低了人的地位。

人们会认为，出于纯粹的利他主义而自愿给予慈善的人也会心甘情愿地匿名从事捐赠。这样做确实可以无须受助者表示感谢。然而，问题并没有解决，因为问题是感激的感觉而不是感谢的言辞。匿名捐赠的受助者至多可以免去口头表示感谢，但他不能摆脱感激的心情。我们的问题在于：由于他们没有能力回报这种好意，所以便处在一个低下的地位上。此外，捐助者不需要什么回报，这也破坏了礼尚往来的原则，而这个原则却是慈善问题的核心所在，即使匿名捐赠也无法解决它。利己的捐助者可以得到补偿，但利他主义的捐助者却不能得到补偿。

人们宁可接受来自他们可以回报的人的捐助，也不愿接受他们无法给予任何东西的人的捐助。

慈善的悖论说明，即使纯正的慈善社会（即建立在不带任何利己色彩帮助别人的基础上的慈善社会）也侮辱人甚至羞辱人，其原因恰恰就在于捐助者动机的纯洁性。不仅如此，我们也不能确定这一类社会能否比基于捐助者利己动机的慈善社会更能避免羞辱。

这里已将两个问题混为一谈，其一是，一个社会为了成为体面社会必须具备哪种官僚制度；其二是，依赖于官僚制度的福利社会与体面社会之间有什么联系。这两个问题需要通过对福利社会和慈善社会解决羞辱人的贫困状况的方法进行比较来予以说明。

我们可以从多个维度对福利社会和慈善社会进行比较，如效率、捐助的程度，甚至它们的目标。但是，我只集中讨论一个问题，就是羞辱。假如福利社会能赢得这场拳击比赛，那它也是依靠点数而不是以击倒对手而获胜。我的意思是：体面社会不一定是福利社会，但可以是一种慈善社会，而慈善社会并不一定因为施舍羞辱人而不体面。

第十五章 失业

体面社会是一个无失业的社会吗?首先,失业问题似乎应与贫困问题结合起来进行探讨,因为失业意指失去可以提供收入的工作。失业是件坏事,原因并不在于你没有工作,而在于你没有收入。所以,工作似乎是生活的唯一手段而不是体面社会应保障的一个终极目标。为了防止贫困,收入必须有所保证,而就业却是保证收入的唯一手段。

果真如此吗?难道只有失业的经济和社会效应才羞辱人吗?被迫的失业本身不羞辱人吗?

《世界人权宣言》是联合国做出的一个高尚的宣言,它使联合国具有仁慈的人性。该宣言赋予每个人工作的权力,有权享受社会保障并有权享受其他所有经济和社会的权利。用该宣言的文字来说,"是个人尊严和人格的自由发展所必需的"[45](参见第二十二条)。宣言还明确规定人人有权从事工作(第二十三条),因此工作不仅是过上有尊严生活的一个手段,其本身也是一种权利。尊重人类的社会有义务向社会中的每个人提供就业,即使这个人的社会权利可以通过失业救济来获得保障。该宣言所保障的工作权利还包括自由选择职业以及享受正义、合适的工作条件。

在我们的讨论中,我们所关注的问题是:工作是否真正地成为人类尊严的至关重要的条件,是否一旦剥夺这个条件就会贬抑那些想工作的人的社会地位和尊严。关于这个问题的更新版本是：在一个失业率长期在10个百分点上下浮动的发达社会中，假定有失业救济制度，而且失业者有机会找到临时的工作来补充他们的救济，结果使他们的总体收入相当于本国非熟练工人的收入。这种社会安排接受了就业不足的羞辱状况，我们会因此不承认它是体面社会吗？一个社会只有充分就业或者（在最坏情况下）无永久失业，才能被看作体面社会吗？

  人们往往以一种说教的口吻来讨论工作的崇高价值，我们无法与说教争论，但工作的价值一定用就业者而不是说教者的眼光来审视。就业者自己对工作的价值的看法并不那么夸张，他们会认为工作具有崇高的价值，但并不是每一种工作都是如此。绝大多数体力劳动者不想让他们的孩子继承父业。许多就业者把合适的工作视为幸福，他们认为，休假比工作日更是他们的人的特征的真实表现。此外，他们中间许多人确实愤恨非自愿的失业并且觉得失业状况很悲惨。但是，有必要理解其中的原因。他们是因为失去收入和其社会地位而觉得悲惨吗？还是因为他们觉得自己的生活失去了某些具有核心价值的东西（如一种表示他们自己是人的方法，艺术家赋予他们的工作的那种价值）？

  我认为，人们在能够通过自己的劳动而不依赖别人的良好意愿来养活自己时，会把工作视为有价值的。工作给予人自主性和经济上的公民资格，这是他们保持自己的人的尊严所必须具有的。当然，人的自主性和经济公民资格会因文化和时间的不同而不同。在古希腊和古罗马，被雇佣的工人被视为不配做公民，因为他们靠报酬生活。被雇佣的工人与具有独立生活手段的绅士相区别，他们的下一层是奴隶，奴隶的劳动不被视为工作，如同服兵役或家务一样，无论他们多么艰苦也不被看作工作。

  我们并不关注工作概念的历史，但这个历史非常重要，因为它提醒我们，对工作的态度在很大程度上取决于文化。我提及古希腊和古罗马，是为了说明，与工作（即使是被雇佣的工作）有关联的独立概念是一个相对新的概念。过去，雇佣劳动被看作有损尊严的，部分原因在于劳动者的生存要依赖于他人所支付的报酬。我们现在讨论的是工作的价值，是发达工业社会而不是中世纪行会（medieval guild society）社会中的工作的价值。在后一种社会中，无疑存在着像罗曼·罗兰①笔下的木匠哥拉·布勒尼翁这样的人，他们对其工作的态度和现今的艺术家对工作的态度如出一辙。我们要讨论在一个存在着精细的劳动分工的社会中人们对劳动的态度。在这种社会，工人与其劳动产品相分离，而正是这种分离在现代社会中导致了工人之间关系的疏远。

有必要区别决定人对劳动的态度的四种依赖。

第一种是传统依赖，即对获得报酬的依赖；与报酬依赖相反的是自力更生的生产方式，其中生产者不需要任何其他人支付他的报酬；奴隶是依赖性劳动的极端情况，因为他们按命令劳动，而且他们的依赖是绝对的。

第二种是资本主义式依赖，凡是长期由他人赡养的人，如果这种赡养不是对劳动、商品或财产的报酬，他就是依赖别人的人。根据这个依赖的定义，劳动便成为解放所有不拥有财产的人（即必须依赖他人才能生存的人）的一种手段。失业创造依赖，因此，劳动就像财产一样，能把一个人从对陌生人的善良的依赖中解放出来。

第三种是社会主义式依赖，它建立在一种信仰之上，即劳动是所有经济价值的源泉。所以，不劳动者就是寄生虫。只有创造价值的工人才摆脱了寄生性的依赖，从而具有真正的独立性。

第四种是加尔文②教徒式依赖，认为依赖的唯一可接受的形式是人作为上帝的奴仆而对上帝的依赖，人的劳动是做礼拜。忘

---

① 罗曼·罗兰（Romain Rolland, 1866—1944），20 世纪法国著名作家、音乐评论家，1915 年诺贝尔文学奖得主。

② 约翰·加尔文（John Calvin, 1509—1564），瑞士基督教新教加尔文宗教派的创始人。

记做礼拜就会造成闲散,而且依赖他人被认为是一种滔天罪行。

我们以上介绍了蕴含在丰富的学说和历史趋势中的四种依赖概念。但在我看来,没有一种概念能够解释工作价值的合理性。在现代社会中,人与人之间互相依赖,不存在任何传统意义上的自立。社会主义的依赖概念建立在劳动价值论之上,即一切产品或服务的价值都由固化在其中的劳动量来最终决定。然而,即使这种学说很完善,我们也能推翻它,只要看看钻石的价格便可。[46](这一理论中有一个内容是正确的,即涉及劳动和剥削的内容,我们将在下一节讨论此问题)把工作视为做礼拜的加尔文教式的工作依赖概念需要我们承认上帝的存在,因而与我们所承担的人道主义义务相悖。我们现在只剩下资本主义的工作依赖概念(为报酬工作把就业者从对他人慷慨和犯罪的依赖中解放出来)。这个概念具有重要的道德意义,因为无产者保障自己的尊严的唯一手段就是为报酬而工作。但是,在最后的分析中,依靠工作来保障的独立并不赋予工作本身的价值。按照资本主义的观点,还有更好的独立手段——获得财产。

关于体面社会及其对失业的态度,我们首先要讨论的问题将有意识地切断工作和收入之间的关联。我们通过假定有失业救济来实现这个目的,失业救济可以用来保证即使没有工作也可以有收入。然而,这里必须避免谬误,可以向任何人提供失业救济并不意味着向每个人提供救济或者甚至是长期向大量的人提供。长期的大规模失业会导致用来支付失业救济的财源枯竭,工作和收入之间的关联仍然没有切断,即使只存在于累积的层面上。体面社会必须防止其成员大规模失业,否则它也无法长期保证向失业者提供一份收入以阻止他们陷入贬抑人的社会地位和尊严的贫困。

但核心问题仍没有解决:一个社会必须保证任何一个想工作的人能就业才能成为体面社会吗?把就业以及不仅是收入作为体面社会的一个条件的观点,是建立在人作为一个劳动动物(Homo Faber）的人的本性之上的，认为人的本性只能在劳动中表现出来。人的理性表现为深思熟虑地观察万物和苦思冥想永恒的真理，人的人性不能在这种理性而应当在他从事生产性劳动时才能表现出他全部的唯一性。一个允许自愿失业的社会因此否定了失业者的人性。这种否定是一种排斥，而排斥就是羞辱。所以，这种社会不是体面社会。

劳动人的观点起源于定义本质中常用的一个动机。根据这个动机，劳动是人的唯一本性，而且一个人越是体现这一本性，他就越是人。我认为，就业与一种有意义的职业有所不同：有意义的职业指对从业人的生活赋予意义的职业；而就业虽会带来收入，但不能保证是一种有意义的职业。保证所有成年人拥有一个他们认为有意义（不仅使他们自豪而且给他们以自我价值）的职业，这个要求是正义的，但很难实现，对体面社会提出满足这项条件的要求，并不需要一种基于人性的定义本质的形而上学的合理性解释。社会没有义务向每个人提供一个对他们来说是最有意义的职业，但有义务做出认真的努力向他们提供某种他们认为有意义的职业，或至少帮助他们找到这样一种职业。

对于一个体面社会来说，妨碍任何人获得一个有意义的职业都是错误的；但这项义务不仅是被动的，也应当是主动的。体面社会如果存在其他手段可以保证最低收入，便没有义务提供一个以谋生为目的的就业，但有义务向每个社会成员提供寻求合理、有意义的职业的机会，比如学习。职业的意义是主观的，而合理的标准则旨在规定一个必须考虑一个人的能力的要求。有意义的职业也是收入的来源，从这个意义上讲，某种职业不一定构成就业，一个有意义的职业给一个人带来的也许其实就是一种爱好。因此，体面社会必须向其所有成员提供寻找至少一个合理并有意义的职业的可能性。

工作场所的剥削和强制

我们在这一节中要讨论两个问题：第一个问题是体面社会不存在剥削吗？另一个问题是体面社会中存在强迫劳动吗？

我们必须区别"强迫劳动"这个词的不同含义，一种是受外部的强迫，另一种受内心冲动的被迫。我是根据乔恩·埃尔斯特[①]关于强迫与被迫之间的差异来做出这种区别的。埃尔斯特认为，强迫指一个人有意识地强迫另一个人，而被迫不需要一个人去强迫，也不需要任何强迫某一个人做某件事的主观故意。既然"强迫劳动"一词在这两种含义下都适用，因此我把第一种含义称为"强迫之下的劳动"，而把第二种含义称为"被迫的劳动"。

当一名巴勒斯坦阿拉伯人在被占领土上开车过程中被无理地截停下来并被迫清除其他阿拉伯人设置的路障时，这就是一种羞辱人的强迫。但如果这名阿拉伯人清除该路障的原因是为了生活，便不构成羞辱。

剥削工人并不一定指强迫他们工作。显然，强迫之下的工作是剥削的一种范式。监狱中的苦役，只要它是一种生产供其他人使用的产品的有目的的劳动，也应归入此类。奴隶、农奴或者在政府劳务中服役的工人，他们的强迫劳动与体面社会绝对不相容。

强迫劳动羞辱人吗？首先，这个问题很奇怪，就像在问"做错事有什么错？"强迫之下的劳动是羞辱的一个范式，被强迫从事劳动的人就是被羞辱的对象。但是，讨论强迫劳动为什么是不自由这个问题尽管很可笑（因为答案是强迫），但强迫与羞辱之间在定义上并没有关联。在强迫劳动中，受害者在身体上从属于

[①] 乔恩·埃尔斯特（Jon Elster），美国研究马克思的著名学者。

他人的意志,而且这种从属关系是羞辱的关键特征,因为它涉及剥夺受害者的自主和控制。

　　强迫劳动是羞辱的显例,但奴隶、农奴或苦役形式的强迫劳动不可能存在于我们这个世界上的体面社会之中。尽管体面社会中会存在剥削现象,但消灭社会中一切剥削是体面社会的必备条件吗?剥削必须加以伪装才能存在,这是马克思的一个重要学说,因为如果不伪装,受剥削者就会起来反抗剥削者。剥削的事实经常连剥削者也看不到。在封建社会中,劳动的强迫因素对每个人都非常明显,剥削的特征却因地主和农奴之间的关系被描绘成邻里之间的关照而被掩盖了。在这种关照中,地主提供关照,农奴提供产品,并说:"我不是奴隶,因为我在你的田里劳动是为了让你腾出身来关照我们大家。"而资本主义社会就不存在所谓的邻里关照的借口[47],生产资料的所有人和工人之间的关系被伪装成在一个契约式结合中的成人之间的互利关系,其中工人提供劳动和技能,资本家提供生产资料。

　　资本主义和封建制度一样,把这些关系的剥削本质都伪装起来了。我要补充说,在抚养一个家庭时,夫妻之间的伙伴关系掩盖了对妇女在家务中劳动的剥削。但我们的问题在于剥削是否羞辱人而不是剥削是否正义。

　　让我们假设,你是一个纺织工人,由于没有其他工作可做,你被迫从事纺织工作。你了解纺织,而且,也许更重要的是,你必须养活你自己和你的家庭,这意味着你将不得不在纺织机旁工作。你的雇主只有一台纺织机,而且他不知道(你也不知道)这台纺织机实际上是过去从你的家里偷走的。产品由你生产出来,而你自己只能得到一小部分,其余的都归雇主所有。有一天,你发现你被迫在一台其实应当属于你的纺织机旁劳动,但占有你所生产的产品绝大部分的人也许变成了纺织机的合法所有者,而不是你这个道义上的所有者。你觉得被剥削了,但你也感到被羞辱了吗?

我现在对纺织机的故事作一些解释。我赞成杰拉尔德·科恩①的观点，剥削必须有一个假定条件——在某种程度上构成资本所有者的贡献的生产资料是偷来的。这种偷来的概念是指从其合法所有者手中获得财产，而不是指未经财产的道义上的所有者本人允许获取某个东西。对我而言，道义上的所有权概念并不陌生，也无可非议。我的问题不是财产是否是偷来的，而是偷来的财产是否被现在的所有者使用，是否向被偷者支付使用该财产的报酬，后者才是感到被羞辱的充足理由。

现在，如果夺走被假定应当归你所有的纺织机的主人也同时夺走了许多其他纺织机，并且以极大的才智组织起纺织品生产，以至于他有能力向你支付远远高于如果你作为机器所有者利用该机器生产时所带来的利润的报酬。在这种情况下，你的被剥削感还能有合理性解释吗？

这个问题可能会有下面三个不言而喻的答案：

1. 你的被剥削感有合理性解释。剥削是一个比较概念，现状是与反事实的状态相比较的。你可以理直气壮地说，如果你与其他被偷来的纺织机的合法所有者联合在一起，你将赚得可能会多于你的雇佣者（纺织机的偷窃者）给你支付的报酬。按照这种逻辑，我们不应当拿如果你作为单独一个纺织机的所有者能赚取多少来比较，而应当拿你把与你具有共同利益的人们适当地组织起来去工作能赚取多少来比较。

2. 你确实应当将你现在所赚取的与你如果作为纺织机的所有者能够赚得的进行比较；但是，你没有权利拿它与如果你以一种无论是你还是其他人都未实际做的组织劳动相比较。你的雇主对生产做出了实质性的贡献，你没有权利认为你被剥削了；你作为一个雇佣工人在一台应当真正属于你的纺织机旁工作，你确实有权利觉得这种状况不公平。但如果剥削意指没有得到所生产价

---

① 杰拉尔德·科恩（Gerald Cohen），美国商业智能软件提供商的首席执行官。

值的公平的回报,那么你就没有权利认为自己被剥削了。

3. 如果纺织机的确是直接从你那里偷去的,则显而易见你是受损方,但问题只在于你所得到的报酬是否足以补偿你的损失。补偿首先必须承认它是一种补偿。我们的例子涉及隐藏在当事人背后所有权和偷窃问题,并且需要历史和"科学"分析才能发现那台纺织机确实属于你。与此同时,你意识到:鉴于纺织机不在你手中这一事实而使你所得到的补偿实际上要高于你如果仍是这台纺织机的所有者时能得到的报酬,那么,在这种情况下,你没有充分理由认为你被剥削了,只是你的出于嫉妒的痛楚导致你感到被剥削了。你不仅没有权利认为自己被剥削,你甚至应当认为自己很幸运。

有人也许不赞成这种观点,认为即使在最后一种情况下也有理由感到被剥削了,理由是你的自主性被减损,因为纺织机已从你手中被夺走,即使你的收入有所增加。你的自主性包括做愚蠢事情的权力,即所赚取的要低于如果你替他人工作所挣得的报酬。我们的解释是:做蠢事的权利是自主性概念的一个重要组成部分,换言之,自主性包括做出错误(即使其结果是最令人痛苦的)并对结果承担责任的权利。如果你的生活由某个比你聪明而且为了你好的他人(如你的父亲和母亲)以家长式统治的方式来安排,完全可能使你在选择婚姻配偶一类重大事情方面犯更少的错误;但如果某个人也替你作决定,这就会极大地减损你的自主性,把你贬低到一个未成年人的层次上。这势必会羞辱人,即使爱你的父母无意羞辱你。

上述情况是对于个人而言的,而对于环境群体,自主性问题也非常类似。比如,在某些国家用殖民统治来组织生产可能比自力更生方式进行生产获得高得多的产量。更有甚者,在许多殖民地,当殖民统治被推翻时,生产会急剧下降。但是,我们仍然要说,殖民国家减损了其所统治社会的自主性,从而也间接地减损了该社会成员的自主性。我们也想说这些国家被殖民国家剥削了吗？这个答案在部分程度上取决于殖民国家是否掠夺了这些国家不可再生的原料等问题。我关于所挣得报酬比如果拥有纺织机所赚得要多的情况的观点完全有可能适用于殖民统治，这里尽管不存在剥削但可能存在羞辱，因为殖民统治下的殖民地的自主性受到了破坏。

剥削和羞辱之间是否存在着内在的联系？这个核心问题仍需要回答，我的答案是不存在。基于被迫而不是强迫的剥削不一定羞辱人。剥削不正义，也不公平，但不一定让人不体面。剥削的负效应与羞辱存在必然联系，而剥削行为本身并不构成羞辱，它不属于把人排除出人类的那种羞辱，也不属于使一个人的自主性完全丧失的那种羞辱。用本来属于你的机器生产产品，这个事实本身并不羞辱人，只有当生产资料明显地是从你手中偷走的而且你被强迫用它来从事劳动时，我们才能认定这不仅是侮辱而且也是羞辱。这种羞辱源自于强迫，也产生于面对强盗摇身变为保护者时的无助。倘若你是一个餐厅的老板，黑手党强迫你向他们缴纳保护费但向你保证能够顾客盈门，从而使你的利润在扣除保护费用之后会更多，而你仍会感到被羞辱了，因为你处在一种恐怖的、强迫的敲诈之下。你没有被剥削但你却被羞辱了，剥削与羞辱之间是因果关系而不是概念上的关联。所以，一个社会即使存在剥削，也可以成为体面社会。

第十六章 惩罚

　　惩罚是体面社会的试金石。一个社会所实施的惩罚政策及其程序都要经受它是否是体面社会的考验。显然，不能给予罪犯任何社会荣誉，但他应得到对人的最基本的尊重。所以，观察惩罚是研究一个社会是否为体面社会、是否把人当作人对待的好方法。惩罚的范例是拘役，因此我们把讨论的焦点聚向它。

　　我有一个简单的方法可以认定一个社会是否为体面社会，即如果在处罚罪犯（即使是最可恶的罪犯）时不羞辱他。罪犯毕竟是人。每个人，即使是罪犯也都应受到人应当得到的尊重，因为他是人。对人的尊严的伤害就是羞辱，因此即使罪犯也应享有不被羞辱的权利。体面社会必须不为罪犯提供认为自己尊严被践踏的充足理由，即便对他们的惩罚给他们以充足的理由认为其社会荣誉被损害。

　　这一节的核心问题是：有没有有效［有效性取决于社会通过惩罚（即通过威慑手段）维持秩序的成功程度］但不羞辱人的惩罚？要求避免羞辱其囚徒是一种会危及体面社会生存的不切实际的要求吗？

　　福柯强调了惩罚在前现代社会中的仪式主义的性质。[48]极其残忍的肉体折磨通过烦琐的仪式而体现，罪犯被采用各种不人道的方法缓慢致死。惩罚造成的痛苦量是经过仔细计算的，其中适用于罪犯的原则往往被扭曲成一种可以被称之为"以眼还牙"的不成比例的惩罚。惩罚具有一种示众、表演的性质,如把受刑人绑在转轮或刑柱上恐吓、把受刑人捆起来拉着游街,所有这些都是在被判死刑的人服刑前故意对他造成地狱般酷刑的效果。

这种形式的惩罚非常残忍,其目的在于有意识地羞辱受刑人。当然,被这种身体酷刑所惩罚的人很少顾及其人的尊严的丧失。然而,处决仪式是特意为观众而准备,其贬抑人的社会地位和尊严的用意往往在他们身上产生相反的效果。观众经常站在受刑人一边,并且仇视酷刑和羞辱人的制度。[49]羞辱成为提升受刑人在观众眼中的形象的焦点,似乎酷刑洗刷了受刑人的罪恶。

处决仪式的惩罚不仅涉及酷刑,也涉及象征性动作。在惩罚中,象征的作用非常重要,但不能被错误地理解为是主要的。伤残受刑人的身体,如砍掉一只手,无疑是一种羞辱行为,但它首先是生理上的痛苦和伤害。当大卫王砍掉利甲和巴拿的手与脚(《旧约·撒母耳记下》4∶12)以及亚多尼·比色砍掉在他桌子底下拾取零碎食物的70个王的手脚的大拇指时(《士师记》Judges 1∶7),他们都故意最大限度地羞辱其敌人。然而,我们必须牢记:肉体的残忍重于羞辱,对身体施以酷刑比起对灵魂的折磨会造成更实际的痛苦。尽管体面社会建立在消灭羞辱的原则之上,但它假定肉体残忍已经被消灭了。萧伯纳①认为:旧式的惩罚比现代的惩罚羞辱程度要低,因为旧式的惩罚把受刑人的痛苦公示于众而不掩盖它;相反,现代的惩罚把罪犯置于众人视野之外,以避免其他人分担他们的痛苦。对人的痛苦无动于衷,就意味着把他排除出人类社会。因此,区分残忍和羞辱变得很有必要:因为旧式的惩罚的核心要素是残忍,而我们关心的则是惩罚的羞辱性。

对于体面社会对惩罚的态度问题,还存在另外一篇序文

---

① 乔治·贝尔纳·萧伯纳(George Bernard Shaw),英国剧作家。

（也是引用福柯的），有必要将它作为一个警示，减轻折磨性惩罚的人道主义要求在历史上出现并不仅仅是由于对受刑人遭受痛苦的不忍。因要求人道地对待罪犯而进行的惩罚改革源自于惩罚经济学的改变：一方面，旧制度对已判处死刑的囚徒特别残暴和野蛮；另一方面，它对不合法又相当纵容。这种纵容不仅与贵族的特权相关，也与较低阶层的那部分人的非法行为的宽容态度有联系，而这些非法行为则是从对他们的罪行的不道德的态度中衍生出来的。资产阶级的兴起及其商业要求提出了采取惩罚措施来有效地保护财产和商业的需要。于是，广泛地、统一地惩罚违反者便成为必要。

因此，既出现了限制野蛮型的惩罚的呼声，也出现了扩大惩罚违法者的范围的要求。改变人们对惩罚态度的因素不仅有道德敏感程度的改变，也有（可能甚至是主要的）对经济和社会需要的回应。这些改变虽然往往被人性态度的假定所掩盖，但我们必须注意避免把对人的惩罚的历史概念意识形态化。然而，即使福柯是正确的而且惩罚人的动机并不特别崇高，也不应该影响我们要求体面社会必须通过把尊严作为核心价值而不是保护一个可尊重的社会（不一定是个体面社会）的利益来解释自己的合理性。换言之，我们之所以特别关注体面社会的惩罚政策，是因为我们认为这些政策应当受到人的尊严的严格制约。

惩罚与羞辱

在医疗和造成痛苦之间并不存在内在的联系。绝大多数的药也许特别苦涩，但通常没有理由说药不会比酒更甜。如果说疾病像苦胆一样苦不堪言，医疗也应当如此，这是一种巫术概念，而非医学概念。与之相反，在惩罚和造成痛苦之间却存在着一个内在的关联,其中痛苦也包括精神上的痛苦。欧·亨利①短篇小说中所描写的故事,即一个什么都努力的人在严寒的冬日被投进监狱以便能混上一口热粥喝喝,在现实中确实存在。然而,这种例子并不能驳倒惩罚与受难之间存在内在联系的观点,因为在这个例子中,坐牢不是惩罚而是一种救济。

实施有系统的人为制造受难的政策,其本身并不是羞辱的证据。许多军队都有针对战斗部队新入伍的新兵人为制造受难的政策,其用意在于使他们坚强起来而非一定羞辱他们。新兵如同囚徒一样,其自由已被剥夺,新兵接到的命令经常比监狱中的囚犯接到的命令更加严厉,但新兵却不应当是囚徒待遇中存在的失去荣誉、尊敬或名声的对象。人们有意识地使被惩罚的囚犯感到失去荣誉、尊敬或名声,即羞辱他们并使他们蒙受耻辱,这里的焦点仍然为社会荣誉。然而,使失去荣誉、尊敬或名声被推至极端就会成为对人的尊严的伤害,即羞辱。从法律上讲,新兵所受到的待遇不属于羞辱,因为法律区分造成和不造成失去荣誉、尊敬或名声的惩罚,但我们在这里所关注的那种惩罚是一种不造成失去荣誉、尊敬或名声的惩罚。虽然新兵经常受到来自指挥官的羞辱对待,但这种羞辱却不是固化在基础训练组织中的成分。

鉴于此,我们的问题是在对囚徒的惩罚中能否消除羞辱人的成分。一方面,有人主张:惩罚本身就包括受难和失去荣誉、尊敬或名声,因而肯定羞辱人。羞辱成分可以淡化,但拘役有某种目的,如果不把罪犯与人类社会隔离给其造成受难和羞辱便无法实现。另一方面,也有观点认为:正是导致各种受难的惩罚承认被惩罚的人是可惩罚的,即是说他是一个道德行为人,因此值得尊重。然而,如果某个人被排除出可惩罚的类别而被归入疾病患者一类中(例如因为他患有精神疾病故而对其行为不承担责任),那么他的行为就不存在失去荣誉、尊敬或名声

---

① 欧·亨利(O. Henry, 1862—1910),英国小说家。

第十六章 惩罚

问题，但他被排除出了作为道德行为人而被尊重的族类。可被惩罚的荣誉听起来很像一种把相互矛盾的词合在一起的修辞手法，黑格尔的话听起来令人毛骨悚然，他把惩罚歌颂为基于应受惩罚的罪犯的权利。但是，我们必须考虑一下新兵训练营中正在自恨生不逢时的新兵，这些新兵（当然包括认同军队目标的旁观者）把他们服兵役看作一种荣誉和一种特权而不仅仅是沉重的责任，这样说肯定丝毫没有讽刺含义。

所以，我们面对着两种相互矛盾的观点。第一种观点认为惩罚天生就羞辱人；另一种观点则认为罪犯被惩罚这一事实本身就表明他被认真地当作人对待，这一事实证明他们受到了基本的尊重，这种说法与军队新兵因为他们被训练为精锐部队而被尊重的说法相比，并没有更多的讽刺含义。

我们不能让自己卷入这种两难境地的对立之中。可以考虑与羞辱没有任何天生关联的惩罚，即不羞辱人的惩罚应当以是纯正的基础训练为样板。无论是新兵还是囚徒都分别处在军队和社会的最底层，无论是基础训练还是坐牢都是令人不愉快的境况，没有隐私、时刻被监视且自主性被完全剥夺……换言之，都是有可能被羞辱的境况。而且，正像社会不关心羞辱新兵一样，反而用一种无羞辱的观点来看他们，我们也应该这样看待正在受到惩罚的囚徒。当然，在实际中，新兵和囚徒都经常受到羞辱。但他们在被羞辱中所扮演的角色各不相同：新兵扮演新入门的社会人，他们在履行加入仪式，即基础训练；囚徒扮演边缘群体，他们被排除出了人类社会。

在这两种境况（基础训练和拘禁）中都包含一个骇人听闻的部分，即新兵和囚徒经常受到来自同室的羞辱。这种情况的发生是组织造成的，因为无论是军队还是监狱都是绝对的组织。所以，被同室羞辱应当算作组织的羞辱。

社会对于军队新兵的态度是体面社会对服刑人员的态度的样板，这种观点值得怀疑。惩罚也是一种交流行为，旨在向社会和罪犯传递这样一个信息——犯罪与失去荣誉、尊敬或名声是联系在一起的。而对于新兵而言，却不存在这种类似的交流行为。相反，传递给新兵的信息是：他们有权利为他们正在做的事情而感到骄傲，即使训练是严厉的或者可能正是因为训练是严厉的。由于在两种境况中的交流行为截然不同，对服刑惩罚可以被正确地理解为就是使其失去荣誉、尊敬或名声，而绝对不能用这种理解来诠释基础训练的意义。惩罚是一种交流行为，这一观点是一个事实陈述，不应构成对惩罚目的（无论它被看作一种威慑，还是一种恢复名誉的形式或保障正义，甚至是复仇）的某个具体看法的支持。所有这些对惩罚的合理性解释都要求它说明犯罪会造成自己失去荣誉、尊敬或名声这一观点，但问题是如何把这一观点转变为仅仅涉及丧失社会荣誉而不羞辱个人的概念。换言之，我们怎么样才能把服刑人员改造成为公民的"新兵"（意味着不把服刑人员排除出人类社会）？

这是一个实践难题，但不是一个概念难题。体面社会应顾及其服刑人员的尊严。

结束语

本书前面三个部分讨论了体面社会的内涵，第四部分又研究了如何将体面社会的思想运用于生活的各个领域，如就业和惩罚。我们的结论语不是归纳，它的目的是把体面社会与正义社会进行比较，既比较它们的内容也比较它们的方法。

首先，让我们根据西方知名伦理学家约翰·罗尔斯著名的正义理论去尝试理解什么是正义社会。是否存在着一种不是体面社会的正义社会？换言之，一个社会能建立在正义基础上但却没有羞辱人的组织吗？正义社会（按照罗尔斯定义的）有可能不是体面社会吗？我们关注罗尔斯的正义社会概念，并不意味着我们无视其他可以与体面社会相比较的正义概念的存在。只提及罗尔斯的正义概念在这里并无重要意义，仅仅是为了提示读者：虽然从表面上看正义社会显然应该也是体面社会，但实际并不如此。换言之，我们可以说正义社会必须是体面社会，但这种说法显然不正确。确实，我们讨论罗尔斯的正义概念的目的，是想证明这两类社会的联系并不明显。我们认为，康德和罗尔斯一样，对人类尊严极其敏感，如果一种具有这种敏感性的理论很难同时适用于正义社会和体面社会，那么这两类社会之间的关系肯定不如我们想象得那么清楚。

罗尔斯认为，正义社会建立在以下两条正义原则之上：

A. 每个人都应当平等地享有最广泛的平等、基本自由的体系以及所有相关的权利。

B. 应这样安排社会的和经济的不平等，使它们：（1）必须保障社会中最弱势成员的利益；（2）在公平和平等的条件下，职务和地位向所有人开放。[50]

于是，问题便成为：基于罗尔斯的正义原则的社会是否与羞辱人的组织在逻辑上有冲突？无疑，正义精神建立在自由和合理差别这两个原则之上，它与一个不体面的社会存在着根本上的冲突。但是，我们仍然可以质疑罗尔斯的正义社会是否在字面意义上而不仅在精神上与设有羞辱人的组织的社会相冲突。

罗尔斯的正义社会关注基本权利的正义的分配。这些基本权利都是社会希望所有理性的个人想要的，但不包括他们自己可能会想到的权利。这些基本权利包括诸如言论、信仰、迁徙和选择有收入和资本的生活的自由等基本自由。在所有这些基本权利中，自尊至高无上。罗尔斯认为，自尊有两个特征：一是人们建立在自我价值基础上的意识，一是他们的生活目标是值得实现的意识，伴有他们有能力实现这一目标的信心，无论它有多么遥远。

为什么自尊是最基本的权利？回答是：没有自尊，无论做什么都没有意义。失去自尊，一个人就没有价值感，感觉不到生命具有意义，即"空幻的空幻，一切皆空"。想建立正义社会的理性人会竭尽全力避免创建羞辱人的组织和社会条件，就因为这些组织和条件会减损自尊这个最基本的权利。此外，尽管罗尔斯的差别原则决定着在什么条件下可以接受偏离物质财富的基本权利的平等分配，但自尊却没有任何不平等的余地。

在这里，罗尔斯的自尊概念与我的概念不尽相同，但这不紧要。很明显，正义社会的精神无法容忍社会的基本组织有系统的羞辱。在能使人民拥有自尊的那种社会条件中，这种现象更为明显，因为所要分配的权利列在正义社会优先清单上的第一项。倘若羞辱意指损害人的自尊，显然正义社会的必要条件便是不羞辱其成员。

然而，一个社会中组织的羞辱是否能只针对其成员而不针对其他人？在这方面，最典型的例子当属以色列的集体农庄（Kibbutz），它在其鼎盛时期曾大胆地尝试为其成员建立一个正义社会，但对来自集体农庄以外的雇工一类非社会成员却不闻不问。集体农庄式的社会也许不是罗尔斯式的社会，但它的作用在于指出了一个存在于只对其成员而不对附属于它的非成员实行正义的社会之中的问题。对于罗尔斯而言，正义社会应建立在其成员之间的契约之上，对契约双方而言，它承担着正义组织的作用。在正义社会中，连处于最底层的人也都被看作社会成员。然而，在现代世界中，最严重的羞辱问题往往出在不是其生活所在社会的成员身上。[51]在当今的美国社会中，处境最不利的人可能是墨西哥非法移民，他们因没有工作许可而成为雇佣并掩藏他们的人的农奴甚至奴隶。这些墨西哥人不是美国社会的成员，他们不是美国公民，他们也不能归入美国社会最底层的人的群体中。

以色列集体农庄的例子给我们以启示：社会成员之间有承诺正义并不一定具备体面社会的资格。集体农庄社会在其鼎盛时期已经非常接近于一个试图对其成员实施正义的社会，但它却不是体面社会。许多需要与集体农庄打交道的人，都因不是它的成员而经常感到被集体农庄羞辱，并且有充足的理由感到被羞辱。因此，一个罗尔斯的正义社会是否属于体面社会，必须通过它如何对待依附于它的组织的人（即不是它的成员，如外籍工人，他们在发达国家从事苦力劳动但不是其公民）来评判。所以，为了评价体面社会是罗尔斯的正义社会的必备条件这一观点，我们必须澄清罗尔斯对某个社会的从属标准，特别是在正义社会中非成员的地位。我敢肯定，根据罗尔斯的观点，无论对于成员还是非成员而言，一个正义社会应当在实质上都是一个体面社会，但我却不敢肯定它的字面意义与实质之间有多大差别。

除社会的从属问题之外，还有一个问题需要澄清，才能确定罗尔斯的正义社会是否一定也是体面社会。罗尔斯的正义社会与社会基本组织的规则制定之间有关联。罗尔斯在说明他认为那些组织不属于社会基本组织时，提到了宗教仪式。对于体面社会来说，宗教仪式实际上非常重要。例如，各种宗教和同一宗教的不同分支都排斥妇女平等、积极参加宗教仪式。作为一条一般的规则，妇女不能正式担任宗教仪式的祭司，也不能参加宗教仪式的核心活动。某些宗教团体已经开始要求妇女完全平等地参加宗教仪式。宗教仪式对妇女的排斥相当于不承认她们在其生活的非常重要的环境群体中具有完全成员的地位，它虽不意味着把妇女当作非人进行排斥，却表示否定她们的成人地位。犹太法典的法律不允许妇女在有男人在场的会众（定期去犹太教堂做礼拜的宗教群体）面前诵读律法（《圣经·旧约》之首五卷），如果其理由是"为了会众的荣誉"，那么显然妇女的人的荣誉与男人的人的荣誉不完全相同。

然而，有必要确定把妇女排除出某些宗教仪式对她们的社会地位会产生什么影响。犹太教的仪式上有一些类似牧师感恩祷告的仪式，在这个仪式中只有被视为牧师的世袭后代才能祷告，不是牧师宗族的普通犹太人不能祷告，其原因纯粹是他们不属于犹太法典的法律规定准许进行牧师感恩祷告的群体，但他们并不认为自己被羞辱、被侮辱或尴尬。可是，个中的缘由却很简单：成为一个牧师宗族的成员如今在犹太人的公共生活中已没有意义了。相反，不允许妇女参加宗教仪式或者不允许参加这些仪式的某些活动在公共生活中意义却非同小可。这种重要意义体现为在这个共同体中只有男性才有义务学习律法，而且从严格意义上讲只有他们才有义务定期祷告。男人与女人之间的劳动分工就是女人不完全分享遵守戒律和履行宗教仪式的义务，因此她们不是共同体的完全成员。

这里的问题不是体面社会是否与正义社会允许妇女参加宗教仪式方面做法有什么不同，而是罗尔斯的正义社会概念与作为一种社会组织的宗教仪式是否息息相关，或者这种制度是否在评价一个正义社会时被视为具有相当的基础性。体面社会在一定程度上要通过如同宗教仪式一类的组织来评判。我们所讨论的组织从总体上不如罗尔斯以原则为特征的组织那么抽象。所以，问题不在于如何看待宗教仪式中对妇女的歧视现象，而是宗教仪式是否属于组织范畴，因为与评价正义社会不同，从总体上判断一个社会是否为体面社会时，需要评价它的组织。我们在这里会发现：在罗尔斯的正义社会和我们的体面社会这两种情况下，讨论的范围不尽相同。

环境群体在一个社会中的地位，是我们的体面社会概念中一个重要的成分。从属一个环境群体是人们赋予其生活以意义的一种方式，因此，把人排除出一个合法的环境群体（从属于宗教群体通常是合法的）必然是一种羞辱行为。在本书中，我已经集中讨论了社会组织对环境群体的羞辱，但我几乎没有讨论人们在其从属的环境群体中所受到的羞辱。环境群体是个人与全社会之间的媒介，这类群体被用来养育个人，然在现实中的这些群体却会异化为压迫并羞辱人。虽然我只讨论合法的环境群体，但我并没有详细规定用什么条件来确定某个特定的环境群体是否合法。例如，它的组织是否有权羞辱其另类的成员。

有人会认为，在一个社会中从属某个环境群体只是自愿加入一个群体，任何一个人都可能需要决定他是否想从属某个注定要以一种羞辱人的方式来惩罚他的环境群体，例如如果违反群体的规范就会被开除。所以，对这些自愿从属的环境群体不必施加任何限制，对其社会是否能够被视为体面社会并无影响，就如同没有必要在性虐待狂的人和性受虐狂的人之间禁止羞辱人的行为（即使是最糟糕的那一种）一样，只要被涉及的个人是本人同意的成年人。

用语言来描绘一个人从属某个环境群体对其生活具有的意义（如宗教和国籍的情况）非常不现实，这种意义就像他与其他本人愿意的成年人之间自由契约式的联系一样。环境群体在个人的生活中之所以有这样的力量，恰恰是它们不是市场经济中那种人们可以来去自由的公司。这一重要的事实导致成员对它的依赖性很大，从而使环境群体对其成员实行君主般的统治。我们在评价社会组织的行为是否羞辱人时，也必须把社会中环境群体的组织行为考虑进去。如果我们看到这些组织的自愿性质不是真实的，而且其他重要的环境群体也不可能轻易接受，那么这些组织的羞辱行为就会污染整个社会。在这样一种情况下，一个体面社会一定要把自己作为对社会中任何一个环境群体的受欢迎的替代，从而使个人能够认同它并在范围更大的社会中建立自己满意的生活方式。不管怎样，评判一个体面社会，不仅要看它的组织是否以一种羞辱人的方式对待环境群体，还要看环境群体的组织如何对待其成员。这正是环境群体的合法性所在，它的合法性部分取决于这些群体以一种不羞辱人的方式对待其成员。

依据阿尔伯特·赫希曼的理论，我们可以区分两种环境群体的评价维度。[52]一种是"声音"维度，即个人在群体中因批评其组织和其成员所要付出的代价；一种是"退出"维度，即个人脱离该群体所要付出的代价。如果这两种代价都很高，这个环境群体就具有压迫性。当"声音"和"退出"的代价是羞辱时，压迫就出现了。

现在，让我们回到体面社会和正义社会之间的关系上来。罗尔斯区分了切分经济蛋糕的两个特征：一个特征是正义的分配的模式，即所有人平均分配；另一个特征是获得正义的分配的程序，如切蛋糕的人拿最后一块，这样可以保证把蛋糕切成每块大小都一致才能对他有利。

罗尔斯把完全的程序正义定义为一种情况：其中存在着有一种按某个独立于分配程序的标准建立的正义的分配模式。如果程序会有效地保证产生一种按正义的分配模式进行的正义的分配，则这种程序便是完全正义的。罗尔斯将此与不完全的程序正义相区别，他把不完全的程序正义定义为一种状态，其中分配程序极有可能带来一种正义的分配模式，但这种状态必然不会真正地出现。罗尔斯认为，现实世界中只存在不完全的程序正义。

但是，分配者的行为方法也应该予以研究。即使分配结果也许是物品的最佳分配，而分配者仍有可能以一种羞辱人的方式进行分配。因此，我曾提出即便慈善社会提供与福利社会相同的物品分配，但如果慈善社会以一种对受助者怜悯的态度分配物品，而福利社会的物品分配如果是对受助者获得他们的权利的承认，则它们之间仍然存在根本的区别。例如，我们可能看见过在埃塞俄比亚分配食物给饥饿的人群时的情景，人们把食物扔下卡车仿佛受助者是狗一样，但其分配结果是有效的，可以使受助者得到他们正义的份额。让我们回顾一下，效率只可能得到一种正义的分配模式，却不可能得到人道的分配方法，分配可以同时是既有效率也是正义的，但仍然会羞辱人。

正义社会仍会存在不好的方式方法，这一观点似乎褊狭——把道德规范的大问题与礼节的小问题相混淆。但这个观点很有远见，它反映了一种古老的担忧：正义社会可能缺乏怜悯甚至会成为一种报复的表示。人们担心正义社会无法严格计算什么是正义的，却用正义来取代简单的人际关系中的友善和人文关怀。一个正义社会也应当是一个体面社会，这一要求意味着：物品不仅应得到正义和有效的分配，还应该考虑分配的方法。

截至目前，针对（罗尔斯的）正义社会必须也是体面社会这一观点，我们已经提及了某些不同的意见。我们已经看到：第一种反对意见涉及正义社会中成员资格问题；第二种反对意见涉及用来判断是否正义的组织的范围问题；第三种反对意见涉及分配程序尽管本质上是正义的但仍有可能是羞辱人的问题。然而，这三种批评意见却无一质疑一个基本事实，即罗尔斯定义的正义社会其含义必定是体面社会。这个问题只是：从字面意义上来领会，即根据罗尔斯的准确定义，罗尔斯的正义社会是否也一定是体面社会。基于上述三种批评意见，我们的回答是：最好的情况是这一问题尚不明确，而最坏情况是认为罗尔斯的社会不是体面社会，而这是正义社会所不能容忍的结果。

理想与战略

在实现正义社会的道路上，体面社会是一个必经的阶段吗？在实现正义社会这一最高的社会理想的进程中，体面社会是一个阶段性的理想吗？除了体面社会和罗尔斯的正义社会的关系之外，似乎体面社会已成为正义社会一个必备的条件。还有一个问题是：在寻找真正的政治意义上的正义社会的道路上，是否一定要实际地建立一个体面社会？是否存在着体面社会将成为建立正义社会的缓和剂的危险？用体面社会这一次佳的目标来取代正义社会这一更佳目标会降低人们的追求而削弱他们的斗志吗？

在本节中，我主要想讨论体面社会和正义社会作为社会理想的概念。换言之，我会把这些概念看作一种可调整的理想而非可估价的概念，并用这一观点来考察它们之间的关系。

在实现个人和社会理想时，理想主义的战略以政治和教育战略为主导。思想主义的战略就是推出一种理想，无论这种理想是我们要仿效和尽力实现的完美社会还是完美个人。社会和教育学说在它们所信奉的理想中互为对立面，但往往会分享这一理想主义战略。"理想主义战略"一词是根据理想主义的最普通、最日常的用法而得来，意指一种为实现理想而坚定不移地奋斗且不考虑其过程中的障碍。它的基础是盲从地接受这样一个"最接近的假说"（approximation assumption）：假若你正在为一个理想而奋斗并且遇到了前进道路上的一个障碍，假若你忽视这一障碍的存在，也许你不会实现你的理想，但你会到达距离这一理想最接近的地方。这一假说的基础是将理想形象地比作一座山峰之巅，如果存在某个东西阻碍你到达山顶，你就应该尽量接近山顶。[53]

但是，"最接近的假说"并不总是能够成立，颇为青睐它的是创立所谓的次佳理论的经济学家们，他们开始意识到，有些时候如果实现最佳状态存在障碍时，应采取的正确战略并不是无视这些障碍的理想主义战略。在经济学理论中，这个假说被公式准确地表达出来了，但人们也很容易将其运用在其他领域。[54] 为了最简单地说明这一学说，让我们把登山的形象比喻换成一个空间模型。假设你作为一名业余飞机驾驶员，你的理想是到夏威夷度几天假，但你却发现自己飞机上并无足够的燃油飞抵那里。但是，试图尽可能地接近夏威夷也许并不是一个好主意，因为这样可能会导致你在太平洋的某个领域坠落。虽然你可以尽可能接近夏威夷，但距离你的度假目的地还很远。替代的战略就是飞到一个用你油箱里的燃油足以到达的其他地方，比如迈阿密海岸。

圣保罗①相信：对一个男人而言，人的理想是禁欲；但是如果某个人性欲很强，那他最好不要坚持禁欲，同时尽可能少与女人私通，这样他才能即使实际上永远实现不了他的理想却可以尽量地接近它。对他来说，最好是结婚。结婚是禁欲的次佳选择，因为它涉及对上帝绝对虔诚可能性的放弃；而对上帝的绝对虔诚则是最佳状态，只有在禁欲生活中才有可能。尽管如此，结婚仍然是与女人私通的禁欲者的最好选择。

我们不敢肯定，体面社会是否是一条山脊上的一座低峰，所有向正义社会高峰攀登的人必须跨越它。尽管正义社会必须是体面社会，但实现体面社会的政治战略很可能会与建设正义社会的战略大相径庭。体面社会应当是一个应该实现的有价值的理想，

---

① 圣保罗（St. Paul），基督教的信徒，他的生活及教导记录在他的书信和《使徒行传》中。

实现这一理想的合理性解释并不一定是实现正义社会的必经之路，特别是我们还不能确定必经之路观点是否正确。体面社会和正义社会的理想都是乐观主义的理想，它们都描绘出一种比现行社会更美好的状态。对一个理想的优越性所持的乐观态度，并不一定导致对实现该社会理想的可能性也持乐观态度。乐观主义的理想是不可接受的，因为没有理由对理想的实现持乐观态度，这是政治上的保守主义观点，或者说是一种谬论。我不认为这是一个对理想持怀疑态度的充足理由，因此我坚持对正义社会的乐观主义理想。但我对建立体面社会的可能性比建立正义社会的可能性持更乐观的态度。

正义社会的理论和关于体面社会的一个故事

我一直避免使用理论的标签来介绍我对体面社会的讨论。理论这个词是一个模糊的概念，我想对这个词的用法，特别是涉及（罗尔斯的）正义理论这一词组做一点评论，旨在强调我所赋予我所讨论的体面社会的地位。

在被称为理论的体系中，有两个数学模型：一个是希耳白特[①]模型，另一个为哥德尔[②]模型。让我来解释一下。数学可以分为两部分：一部分为人们所熟知而且凭直觉能够理解，包括有穷尽的自然数；另一个部分只能以一种形式在逻辑的、错列组合的意义上才能理解，即通过它与凭直觉可以理解的部分的联系而从这部分中分解出来。希耳白特模型就是建立在这个两分法的基础

[①] 希耳白特（David Hilbert, 1862—1943），德国数学家，是19世纪和20世纪初最具影响力的数学家之一。

[②] 库尔特·哥德尔（Kurt Godel, 1906—1978），奥地利数学家。

之上，这是一个被逻辑实证主义者，特别是赖兴巴赫①和卡尔纳普②用来构建他们的科学理论时所采用的模型。每个名副其实的科学理论也因此都由两个部分所组成——完全可以直接理解的观察成分和必须按照把它与观察成分联结起来的规则来理解的理论成分。

作为罗尔斯的正义理论中所体现的哥德尔模型，则是建立在哥德尔著名的不完全定理之上的。在这个定理的证明中，我们假定我们具有一个完整的、独立于理论的所有真算术公式表，同时还具有一个用来推导算术定律的公理体系（算术的和逻辑的）。问题的关键是：能从给定的公理中逻辑地推导出来的定律的总和是否与我们在前面假定存在的真算术公式完全一致。哥德尔著名的答案是：这两个表并不相同，他证明了一个无法从公理中推导出来的真公式。

哥德尔的结构被乔姆斯基③用来创造了一个被称作经验主义的理论。乔姆斯基一方面假定我们可以创造一个完全的、独立于理论之外而且我们认为是合乎语法的所有的句子清单；另一方面，我们有一套语法，供我们运用其规则来推导出合乎语法的句子。然后，我们将推导出来的这些句子与清单上的句子进行比较，并根据它们之间的误差程度来判断这个语法是否为适合我们语言的理论。通常，我们应当调整语法以适合凭直觉判断的句子清单，但我们完全有理由在必要时（即如果凭直觉的判断与我们的其他判断不吻合）调转双方相互适应的方向，理论在某些时候会引导我们改变我们凭直觉的判断。

罗尔斯也采用了哥德尔的模型来解释正义社会作为一种公正

---

① 汉斯·赖兴巴赫（Hans Reichenbach, 1891—1953），德国哲学家，逻辑实证主义代表人物。
② 鲁道夫·卡尔纳普（Rudolf Carnap, 1891—1970），美国哲学家，生于德国。
③ 诺姆·乔姆斯基（Noam Chomsky, 1928— ），美国语言学家，转换生成语法的创始人。

社会的判断：我们对分配基本权利的各种安排的公正性既有凭直觉判断的一面，也有从一系列原则（理论）推理出来的对正义的分配安排的判断。在一个很成熟的经验理论中，对独立于理论的清单的判断占有基础性地位。因此，理论必须根据这些判断来调整，判断是用来解释理论的数据。然而，在罗尔斯的理论中，从理论推理出来的判断与独立形成的判断之间却存在着一个互相调整的空间。一个人的直觉会被他的理论所引导，罗尔斯将这种互相调整的状态称为反思均衡（reflective equilibrium）。

罗尔斯在他理论的哥德尔结构上加入了一个新的思想：理论以及从理论推导出来的判断也是辨明博弈理论状态中（理性的博弈者正在谈判为正义社会建立一个他们大家都赞成的宪法）的动态的论据。对制定宪法这场博弈的限制是：它无法接受在辨明宪法的论据中使用的包括关于博弈者社会地位的专门信息的前提条件［这是罗尔斯的无知之幕（Veil of ignorance）的非形而上学的解释］。这一限制并不意味着博弈者不得不在心理上无视他们所决定的各种社会安排中的可能的位置，而是希望他们能像一个在判决过程中听到不被承认的证据的法官一样行动；法官在做出判断时可以不使用这一证据，同样罗尔斯不允许制定宪法的参与者使用涉及他们个人立场的信息。换言之，即严禁使用建立在参与者特定性格的信息基础上的论据来说明宪法的合理性。

但是，我们要研究的理论还存在第三种重要形式，它与我们目前的讨论直接相关。这是一个由法兰克福学派提出的批判理论的模型，这个模型最突出的例子就是马克思和弗洛伊德的理论。他们的理论具有一个解放和拯救的目的，他们要把人们最大程度地从自己所造成的压迫中解放出来。这一理论认为，批判理论其实也是关于判断的理论：它们批判现有的判断，认为它们属于在压迫条件下所形成的判断，并在它们的位置上提出自由人做出的判断。批判理论是一个关于人的判断的理论，人的理论本身就需要解放。它是一种反思理论，把自身作为理论本身的论题。检验这个理论的标准是：解放了的人民是否愿意接受它。在哥德尔模型中，对独立的清单的判断是一个理论的真理性的最终判断，在罗尔斯的理论中则存在一个互相调整的空间；而对于批判理论来说，调整的方向不是从理论指向判断而是从判断指向理论，判断由理论来决定并且成为对无私的人的独立判断。

从表面上看，对体面社会的理解也许还需要批判理论，但我不认为我在本书中所运用的是批判理论，更谈不上其他任何理论。我没有理论。我只是提出一个想象中的体面社会，我的想象部分地建立在源自于对尊重和羞辱的语境的概念分析的基础之上。在分析这些可估价的概念时，我没有遵循我们的语言中这些词语最常用的用法，比如我很清楚羞辱一词最常用的用意并不是把一个人排除出人类大家庭，而是指将一个人的社会地位降低到一个更低卑的位置上。对一个在军队中犯法的士兵进行公开降级（如德雷福斯①案件）是可以使用羞辱一词的例子的典范。羞辱的另一个常用用法是使一个人的社会精神气馁，就如同在选举中惨败的候选人把自己看作被选民抛弃一样，虽然他肯定不会认为自己已经被人类抛弃了。

我所使用的羞辱一词的含义（排除出人类大家庭）也存在，而且被经常用于已经处在社会最底层以至于没有再低的位置可以用来降级的那部分人的降级情况，例如对服刑人员、军队的新兵、无助的残疾人、失业者和穷人的羞辱。我提出的语境不仅是一个武断的决定，把某种意思强加于某些词汇，而且也没有依据这些词的第一用法或最常用的用法。我说的是解释上的第一用法而不是历史上的第一用法。在一个词的用法上，如果它的第一用法是用来解释第二用法而非反向时，那么它的第一用法就比第二用法更具有第一用法的性质。

---

① 阿尔弗雷德·德雷福斯（Alfied Dreyfus, 1859—1935），法国炮兵军官，法国历史上著名的德雷福斯冤案的受害者。

我在这里所提供的不是一种理论而是关于体面社会的故事，这个故事的主人公是概念。它不是一个中世纪式的寓言，其中荣誉和羞辱都是人格化的主人公；而是一个故事，其中概念仍然是概念，所得到的图景属于一种乌托邦式的图景，是用来批判现实的乌托邦图景。

本书使用的概念中隐藏着一个危险，它们来自道德和政治演讲中所使用的以崇高为目的的花言巧语：诸如荣誉和羞辱这些概念的煽情功能必然会使对体面社会的讨论变得夸张——一种与真理无关但却制造温暖、激动的气氛的讨论。[55] 另一个危险是这种讨论可能会陷入说教的泥潭，即成为一篇与真理不一定相符但没有必要论证的演讲。但我相信，一篇有知识的演讲并不一定是理论上的，而是远离做作的说教或吹嘘。

我在体面社会的研究中所使用的基本概念，如尊重、羞辱等，都是一些需要进行一种超越其含义本身的分析的概念。在含义的说明中，我们所需要补充的是对敏感性的说明。当威廉·詹姆斯①解释"或者"这一概念的含义时，他提到，这是一种你站在十字路口并且需要决定向左还是向右时的感觉，"或者"是你在岔路口时所感觉到的一种犹豫。我认为，这一概念的逻辑理解，并不需要我们感觉到任何东西。在所有"或者"的例子中，我们没有感觉到任何东西；但如果我们想把"是"或"不是"不解释为逻辑的同一反复，而解释为一个存在判断的核心问题，那么，与莎士比亚所使用的"或者"一词相关的情感和心境对于理解它将是至关重要的。这里，对"或者"的逻辑理解是不够的，我们追求用"敏感"的语境来理解它，用它来表达在感觉和敏感之间存在着一种系统的关联。本书中的核心概念使用了敏感的所有含义。虽然这一概念在构建理论时特别难以采用，理解它们需要的是解释而不是假设。道德概念不是典型的情感用语，但

---

① 威廉·詹姆斯（William James, 1842—1910），美国心理学家和哲学家。

它们是敏感的语境。我已经用敏感的含义描绘了体面社会的语境，我们要尽量努力使它们也具有意义。

尾 注

[1] Karl Popper, *The Open Society and Its Enemies*, *vol.* 1, *Plato*, 5th ed. (London: Routledge, 1966), pp. 248 – 285.

[2] Jon Elster, "States That Are Essentially By-Products," in Elster, *Sour Grape* (Cambridge: Cambridge University Press, 1983), pp. 43 – 101.

[3] R. Michels, *Political Parties* (New York: Free Press, 1915), p. 13. 该无政府主义观点不是米歇尔斯提出的，但他的著作受到这一观点的影响。

[4] William Morris, *Editions, Selections, Letters: The Collected Works of William Morris*, intro. Morry Morris, 24 Vols. (1910 – 1915); William Morris, *News from Nowhere*, ed. James Redmond (London: Routledge, Chapman & Hall, 1970).

[5] Max Stirner, *Der Einzig und sein Eigenlum* (Berlin, 1945), English version, *The Ego and His Own*, trans. Steven T. Byington (London, 1907).

[6] David Friedman, *The Machinery of Freedom* (New York: Harper & Row, 1973).

[7] Freiderich Nietzsche, *On the Genealogy of Morals*, trans. Walter Kaufmann and R. J. Hollingdale (New York: Vintage Books,

1969), First Essay, Section 10, p. 36.
[8] Ibid., p. 39.
[9] 例如, Thomas E. Hill, "*Servility and Self-respect*," Monist 57 (1973): 87 – 104。
[10] Joel Feinberg, "The Nature and Value of Rights," *Journal of Value Inquiry* 4 (1970): 243 – 257. For additional references on this topic, see Meyer J. Michael, "Dignity, Rights and Self-control," Ethics (1984): 520 – 535.
[11] D. Sacks, "How to Distinguish Self-Respect from self-Esteem", *Philosophy & Public Affairs* (1981): 346—360.
[12] Bernard Williams, "The Idea of Equality," in Joel Feinberg, ed., *Moral Concepts* (London: Oxford University Press, 1969), esp. pp. 159ff.
[13] Walt Whitman, "Song of Myself," *Leaves of Grass*, 32.
[14] Nelson Goodman, *The Languages of Art* (Indianapolis: Hackett, 1976).
[15] Ludwig Wittgenstein, *Philosophical Investigations*, trans. G. E. M. Anscombe (Oxford: Basil Blackwell, 1958), pp. 193 – 219.
[16] Stephen Mulhall, *On Being in the World* (London: Routledge, 1990).
[17] Moshe Halbertal and Avishai Margalit, *Idolatry* (Cambridge, Mass.: Harvard University Press, 1992).
[18] Oliver Sacks, *The Man Who Mistook His Wife for a Hat and Other Clinical Tales* (New York: Harper & Row, 1970).
[19] Denis Silk, "Vanishing Trick," in Silk, *Catwalk and Overpass* (New York: Viking, 1990), p. 42.
[20] Erwin Goffman, *Stigma* (London: Penguin, 1968).
[21] (Family of man) 该词源于20世纪50年代举办的一次大型

摄影图片展览会的会名，此后并以同名出版了一本著名的摄影集。在巴黎，此次摄影图片展览被称为"人类大家庭"。知名教育家罗兰·巴斯（Roland Barth）在其著作《神话学》（trans. Annete Larers, London：Jonathan Cape, 1972, pp. 100 – 102）中提到，在法文译名中加上"大"这个形容词便把人类物种的统一性概念从"动物学"的概念转向一种情感的道德概念，就像一个整个人类特种宛如一个大家庭在生活着的神话。巴斯向人道主义思想提出了挑战——人道主义思想认为所有的历史和文化都建立在一个共同的"本性"之上，从面向人之间的差别转变为某种貌似真实而并非真实或实在的东西。

　　我在这里所使用的"人类大家庭"，意指动物学术语的道德含义。我敢肯定，只要我赋予这个词以道德含义，巴斯一定会批评我带着人道主义的情感来使用这一词。我认为，我使用"人类大家庭"这一词既没有在相似性不存在的地方创造它们，也没有在差别真正存在的地方抹杀它们。

[22] G. W. F. Hegel, *The Phenomenology of Mind*, trans. J. B. Baillie (New York：Harper & Row, 1967), pp. 229 – 240.

[23] Paul Veyne, "The Roman Empire," in Veyne, ed., *A History of Private Life*, trans. Arthur Goldhammer (Cambridge, Mass.：Harvard University Press, 1987).

[24] Ibid., pp. 55ff.

[25] Jean-Paul Sartre, *Bing and Nothingness*, trans. Hazel E. Barnes (London：Methuen 1969).

[26] Gabrielle Taylor, *Pride, Shame, and Guilt* (Oxford：Oxford Univerwity Press, 1985).

[27] Avishai Margalit and Joseph Raz, "National Self-Determina-

tion," *Journal of Philosophy* 87 (1990): 439 – 461.

[28] Isaiah Berlin, "Two Concepts of Liberty," in Berlin, *Four Essays on Liberty* (London: Oxford University Press, 1969), pp. 156 – 162.

[29] Judith N. Shklar, "Putting Cruelty First," in Shklar, *Ordinary Vices* (Cambridge, Mass.: Harvard University Press, 1984).

[30] T. H. Marshall, *Class, Citizenship, and Social Development* (New York: Anchor, 1965).

[31] Joseph Raz, "Free Expression and Personal Identification," in Raz, *Ethics in the Public Domain* (Oxford: Clarendon, 1994), pp. 131 – 154; Raz, "Muhiculturalism: A Liberal Perspective", ibid., pp. 155 – 176.

[32] Edna Ullmann-Margalit, "On Presumption," *Journal of Philosophy* 3 (1983): 143 – 163; Ullmann-Margalit, "Some Presumptions," in Leigh S. Cauman et al., eds., *How Many Questions? Essays in Honor of Sidney Morgenbesser* (Indianapolis: Hackett, 1983).

[33] See Judith Shklar's insightful account in the chapter "What Is Wrong with Snobbery?" in her book *Ordinary Vices*.

[34] Norbert Elias, *Uber den Prozess der Ziwilisation*, 2 Vols., 2nd ed. (Frankfurt: Suhrkamp, 1976).

[35] Jean L. Briggs, *Never in Anger: Portrait of an Eskimo Family* (Cambridge, Mass.: Harvard University Press, 1970); Barrington Moore, Jr., *Privacy: Studies in Social and Cultural History* (New York: M. E. Sharpe, 1984), pp. 4 – 14.

[36] Max Weber, "Bureaucracy," in Guenther Roth and Claus Wittich, eds., *Economy and Society* (New York: Bedminster Press, 1968).

[37] Charles Taylor, "The Need for Recognition," in Taylor, *The*

Ethics of Authenticity (Cambridge, Mass.: Harvard University Press, 1992); Berlin, "Two Concepts of Liberty."

[38] Maurice Bruce, *The Coming of the Welfare State* (London: B. T Batsford, 1961); A. William Robson, *Welfare State and Welfare Society: Illusion and Reality* (London: George Allen & Unwin, 1971); Harold L. Wilensky, *The Welfare State and Equality* (Berkeley: University of California Press, 1975); Richard M. Titmuss, *Essays on the Welfare State* (London: Unwin University Books, 1950).

[39] Bruce, *The Coming of the Welfare State*, p. 109.

[40] Ibid., p. 51.

[41] Nietzsche, *On the Genealogy of Morals*, Preface.

[42] Benedict Spinoza, *Ethics*, in Edwin Curley, ed., *The Collected Works of Spinoza* (Princeton: Princeton University Press, 1985).

[43] Ludwig von Mises, *Human Action: A Treatise on Economics*, 3rd rev. ed. (Chicago: Henry Regency, 1966), p. 238.

[44] Titmuss, *Essays on the Welfare State*.

[45] Maurice Cranston, *What Are Human Rights?* (London: Bodley Head, 1973), pp. 91–92 (Appendix A).

[46] P. Samuelson, "The Normative and Positivistic Inferiority of Marx Value Paradigm," *Southern Economic Journal* 49 (1982): 11–18.

[47] The discussion of exploitation is based mainly on G. A. Cohen, *Karl Marx's Theory of History: A Defence* (Oxford: Oxford University Press, 1978); J. Roemes *A General Theory of Exploitation and Class* (Cambridge, Mass.: Harvard University Press, 1982); Jon Elster, *Making Sense of Marx* (Cambridge, Mass.: Harvard University Press, 1985), Chap. 4.

[48] Michel Foucault, *Discipline and Punish: The Birth of Prison*, trans. Alan Sheridan (London: Allen Lane, 1977).

[49] Ibid., chap. 2.

[50] John Rawls, *A Theory of Justice* (Cambridge, Mass.: Harvard University Press, 1971).

[51] Michael Waizer, *Spheres of Justice: A Defence of Pluralism and Equality* (Oxford: Blackwell, 1983).

[52] Albert O. Hirschman, *Exit, Voice, and Loyalty: Responses to Decline in Firms, Organizations, and States* (Cambridge, Mass.: Harvard University Press, 1970).

[53] Avishai Margalit, "Ideals and Second-Bests," in Seymour Fox, ed., *Philosophy for Education* (Jerusalem: Van-Leer Foundation, 1983), pp. 77–90.

[54] R. Lipsey and K. Lancaster, "The General Theory of Second-Best," *Review of Economic Studies* (1957).

[55] Harry G. Frankfurt, "On Bullshit," in Frankfurt, *The Importance of What We Care About* (Cambridge: Cambridge University Press, 1988), pp. 117–134.